Gerenciamento de riscos em projetos

Central de Qualidade — FGV Management
ouvidoria@fgv.br

PUBLICAÇÕES
FGV Management

SÉRIE GERENCIAMENTO DE PROJETOS

Gerenciamento de riscos em projetos

2ª edição

Carlos Alberto Corrêa Salles Jr.

Alonso Mazini Soler

José Angelo Santos do Valle

Roque Rabechini Jr.

FGV management

FGV EDITORA

ISBN 978-85-225-0814-3

Direitos desta edição reservados à
EDITORA FGV
Rua Jornalista Orlando Dantas, 37
22231-010 — Rio de Janeiro, RJ — Brasil
Tels.: 0800-021-7777 — 21-3799-4427
Fax: 21-3799-4430
e-mail: editora@fgv.br — pedidoseditora@fgv.br
web site: www.fgv.br /editora

Impresso no Brasil / *Printed in Brazil*

1ª edição – 2006; 1ª e 2ª reimpressões – 2007; 3ª, 4ª e 5ª reimpressões – 2008; 6ª, 7ª e 8ª reimpressões – 2009; 9ª e 10ª reimpressões – 2010; 2ª edição – 2010; 1ª reimpressão – 2010; 2ª e 3ª reimpressões – 2011; 4ª reimpressão – 2012.

Revisão de originais: Sandra Maciel Frank
Editoração eletrônica: FA Editoração Eletrônica
Revisão: Andréa Bivar, Marco Antonio Corrêa e Tathyana Viana
Capa: aspecto:design
Ilustração de capa: André Bethlem

Salles Júnior, Carlos Alberto Corrêa

Gerenciamento de riscos em projetos / Carlos Alberto Corrêa Salles Jr., Alonso Mazini Soler, José Angelo Santos do Valle, Roque Rabechini Jr. 2. ed. Rio de Janeiro: Editora FGV, 2010.

176 p. — (Gerenciamento de projetos)

Acima do titulo: Publicações FGV Management
Inclui bibliografia.

1. Administração de risco. 2. Administração de projetos. I. Soler, Alonso Mazini. II. Valle, José Angelo Santos do. III. Rabechini Júnior, Roque. IV. FGV Management. V. Fundação Getulio Vargas. VI. Título.

CDD-658.155

Aos nossos alunos e colegas docentes,
que com sua experiência de mercado aplicam e validam
as teorias, trazendo subsídios para novas e frequentes reflexões.

Sumário

Apresentação

Este livro compõe as Publicações FGV Management, programa de educação continuada da Fundação Getulio Vargas (FGV).

Instituição de direito privado com mais de meio século de existência, a FGV vem gerando conhecimento por meio da pesquisa, transmitindo informações e formando habilidades por meio da educação, prestando assistência técnica às organizações e contribuindo para um Brasil sustentável e competitivo no cenário internacional.

A estrutura acadêmica da FGV é composta por oito escolas e institutos: a Escola Brasileira de Administração Pública e de Empresas (Ebape), dirigida pelo professor Flavio Carvalho de Vasconcelos; a Escola de Administração de Empresas de São Paulo (Eaesp), dirigida pela professora Maria Tereza Leme Fleury; a Escola de Pós-Graduação em Economia (EPGE), dirigida pelo professor Renato Fragelli Cardoso; o Centro de Pesquisa e Documentação de História Contemporânea do Brasil (Cpdoc), dirigido pelo professor Celso Castro; a Escola de Direito de São Paulo (Direito GV), dirigida pelo professor Ary Oswaldo

Mattos Filho; a Escola de Direito do Rio de Janeiro (Direito Rio), dirigida pelo professor Joaquim Falcão; a Escola de Economia de São Paulo (Eesp), dirigida pelo professor Yoshiaki Nakano; o Instituto Brasileiro de Economia (Ibre), dirigido pelo professor Luiz Guilherme Schymura de Oliveira. São diversas unidades com a marca FGV, trabalhando com a mesma filosofia: gerar e disseminar o conhecimento pelo país.

Dentro de suas áreas específicas de conhecimento, cada escola é responsável pela criação e elaboração dos cursos oferecidos pelo Instituto de Desenvolvimento Educacional (IDE), criado em 2003 com o objetivo de coordenar e gerenciar uma rede de distribuição única para os produtos e serviços educacionais da FGV, por meio de suas escolas. Dirigido pelo professor Clovis de Faro e contando com a direção acadêmica do professor Carlos Osmar Bertero, o IDE engloba o programa FGV Management e sua rede conveniada, distribuída em todo o país (ver www.fgv.br/fgvmanagement), o programa de ensino a distância FGV Online (ver www.fgv.br/fgvonline), a Central de Qualidade e Inteligência de Negócios e o Programa de Cursos Corporativos In Company. Por meio de seus programas, o IDE desenvolve soluções em educação presencial e a distância e em treinamento corporativo customizado, prestando apoio efetivo à rede FGV, de acordo com os padrões de excelência da instituição.

Este livro representa mais um esforço da FGV em socializar seu aprendizado e suas conquistas. Ele é escrito por professores do FGV Management, profissionais de reconhecida competência acadêmica e prática, o que torna possível atender às demandas do mercado, tendo como suporte sólida fundamentação teórica.

A FGV espera, com mais essa iniciativa, oferecer a estudantes, gestores, técnicos — a todos, enfim, que têm internalizado o conceito de educação continuada, tão relevante nesta era do conhecimento — insumos que, agregados às suas práticas, possam contribuir para sua especialização, atualização e aperfeiçoamento.

Clovis de Faro
Diretor do Instituto de Desenvolvimento Educacional

Ricardo Spinelli de Carvalho
Diretor Executivo do FGV Management

Sylvia Constant Vergara
Coordenadora das Publicações FGV Management

Introdução

O objetivo deste livro é apresentar um processo estruturado para o efetivo gerenciamento de riscos em projetos, isto é, como devemos lidar com as incertezas que ocorrem em qualquer projeto, de qualquer natureza, porte ou complexidade.

Vivemos atualmente em um ambiente de alta volatilidade e alta competitividade que provocam grandes descontinuidades, e precisamos ter um processo que nos ajude neste ambiente de incertezas. Nós esperamos que a metodologia aqui apresentada contribua para você poder fazer frente a um mercado:

- cada vez mais dinâmico e volátil;
- cada vez mais complexo e competitivo;
- cada vez mais irregular e descontínuo;
- cada vez mais incerto e turbulento.

Vamos começar com uma importante reflexão.

Como você vê, no seu ambiente de trabalho, a abordagem dos riscos dos seus projetos? Ela é realmente feita? Ou apenas "colocamos 10% sobre o custo calculado, para qualquer eventualidade e, se ocorrer, nós vemos como é que fica"? Será que 10% são suficientes? Ou isso é muito e vai prejudicar a competitividade ou o custo do nosso projeto? A quantidade de empresas que utilizam a "técnica" de aplicação de um percentual sobre o plano original é tão grande que este percentual tem até nome: chama-se de *coeficiente de contingência*.

Não temos o hábito ou a cultura de lidar de forma estruturada com as incertezas. Isto torna a metodologia apresentada neste livro de extrema importância para o sucesso dos projetos. Assim, esperamos que ela lhe seja útil para o gerenciamento de riscos em seus projetos.

Os principais benefícios do gerenciamento de riscos são:

- minimizar o gerenciamento por crises;
- minimizar a ocorrência de surpresas e problemas;
- alavancar vantagens competitivas efetivas;
- reduzir as perdas nos projetos, potencializando os resultados;
- aumentar substancialmente a chance de sucesso do projeto.

Este livro está estruturado em quatro capítulos, nos quais analisaremos todo o processo de gerenciamento de riscos em projetos.

No primeiro capítulo você verá um breve histórico de como a humanidade começou a lidar com as incertezas e o contexto do gerenciamento de riscos, posicionando-nos perante as incertezas. Além disto, veremos como identificar e categorizar os riscos em um projeto por meio da apresentação de técnicas de dinâmica de grupo, além de vermos o uso da análise Swot como fonte identificadora de riscos em projetos.

A seguir, no capítulo 2, veremos o processo de análise dos riscos e a determinação da dimensão do risco por meio de sua análise qualitativa e quantitativa, e o que isto nos auxilia no processo de tomada de decisão.

No capítulo 3 incluímos a abordagem de duas importantes ferramentas de apoio à decisão, para serem usadas no processo de análise dos riscos: árvores de decisão e simulação de Monte Carlo. Veremos, também, que, uma vez que sabemos quais são os riscos e sua dimensão, podemos ver o desenvolvimento das respostas a eles, o que significa estratégias e planos de ação para lidar com os riscos, visando reduzir as incertezas e aumentar as chances de sucesso do projeto.

Nesse ponto vamos iniciar o desenvolvimento do projeto e, no capítulo 4, veremos como controlar e documentar os riscos ao longo de todo seu desenvolvimento, até seu encerramento. Isto vai significar o acompanhamento dos riscos identificados e residuais, a identificação de riscos adicionais, o acompanhamento dos planos de respostas aos riscos e a análise crítica da eficácia do plano. Ainda veremos o que podemos concluir quanto ao uso do gerenciamento dos riscos e o que este pode propiciar de diferencial competitivo para os projetos, além de vermos como utilizar esta metodologia nas decisões de negócio. Aqui, também abordaremos alguns casos brasileiros de gerenciamento de riscos.

Esperamos que tenha uma leitura agradável e que este livro contribua para o seu crescimento profissional.

1

Histórico, contexto e identificação de riscos

Neste capítulo veremos um breve histórico de como a humanidade começou a lidar com as incertezas, o surgimento da análise de riscos (incertezas) com base no jogo de dados e a evolução histórica dos riscos.

Em seguida, veremos o contexto de risco, as definições, por que os riscos têm natureza dupla, como as pessoas lidam com as situações de risco e como começamos a pensar nos riscos em projetos. Finalizando este capítulo, veremos como fazer o planejamento do gerenciamento de riscos, que envolve a decisão de como este será conduzido ao longo do projeto.

A partir daí, veremos como vamos identificar os riscos em um projeto.

A história do risco

A palavra risco deriva, originalmente, do italiano antigo *risicare*, que quer dizer ousar (Bernstein, 1997) e, no sentido de incerteza, é derivada do latim *risicu* e *riscu*. Neste contexto, a palavra risco deve ser interpretada como um conjunto de incertezas encontradas quando ousamos fazer algo, e não apenas como problema.

Sempre que olhamos para o futuro, temos que lidar com incertezas. As pessoas sempre tiveram que lidar com este fato e, consequentemente, correr riscos ao longo de toda a história da humanidade. Vamos analisar alguns fatos históricos ligados aos riscos, que incluem a teoria das probabilidades e a teoria dos jogos, desde o aparecimento dos algarismos arábicos.

Os primeiros registros sobre riscos estão ligados à teoria das probabilidades, que foi desenvolvida para aplicação em jogos, notadamente os jogos de azar (aqui não significa realmente azar ou sorte, pois a palavra azar é oriunda do árabe *Al zahr*, que quer dizer dados). Temos aí uma ligação de risco com azar ou sorte e, na verdade, com a chance de se perder ou ganhar um jogo.

Em um jogo ou nas incertezas, o gosto pela aposta, movido pela ambição do ganho, compensa o receio da perda. Segundo Bernstein (1997), a perspectiva de enriquecer é altamente motivadora, e poucas pessoas ficam ricas sem correr riscos. O próprio capitalismo se baseia no conceito de risco. A administração e o gerenciamento dos riscos em projetos só podem ser definidos a partir da atividade de medição. Só controlamos e gerenciamos aquilo que podemos medir.

A administração do risco apareceu a partir da atividade de previsão, pela necessidade de controlar o futuro, de modo a assegurar a entrega dos insumos dentro dos prazos, por exemplo, e com os resultados esperados previamente.

Estabelecendo uma ligação entre a medição e a previsão, temos também a contribuição da teoria das probabilidades. Os números são necessários para a administração dos riscos que, sem números, resume-se a um mero exercício de adivinhação.

A história dos números no Ocidente remonta ao século XIII. O zero revolucionou o velho sistema de numeração de duas formas. Primeiro, permitiu que se usassem apenas 10 dígitos, de zero a nove, para realizar todos os cálculos imagináveis e para escrever qualquer número concebível. Imagine calcular probabilidades com os algarismos romanos I, X e C ou V!

Devemos, então, aos árabes, os algarismos arábicos, mas eles não chegaram ao cálculo das probabilidades, nem aos princípios do gerenciamento de riscos. Sem números e sem o surgimento do zero não há probabilidade, e sem probabilidade não há como lidar com riscos. A palavra probabilidade deriva da conjunção de *probare*, que quer dizer testar, provar ou aprovar e de *ilis*, que significa capaz de ser. Gerenciamento de riscos não é um método de adivinhação nem de deixar as coisas na mão do destino.

A partir da existência dos números, os matemáticos puderam calcular médias, desvios das médias e fazer medidas de amostragem. A maioria das decisões não seria possível sem a medida de amostras, e a amostragem é essencial para se lidar com incertezas, pois mapeia de forma ordenada o existente. Segundo Bernstein (1997), em 1660 o inglês John Graunt utilizou os desprezados registros de óbitos das pessoas de Londres entre 1604 e 1661 e, com métodos de amostragem e cálculos de probabilidade, tornou possível saber quantas pessoas existem de cada sexo, estado civil, idade, religião, profissão — conhecimentos que fizeram o comércio e o governo mais seguros e regulares. É bem possível que Graunt tenha inventado o conceito de pesquisa de mercado.

Ele afirmou que 36% das crianças morriam até os nove anos de idade e também que a expectativa média de vida, em 1674, era de 16 anos. Em 1700, o governo inglês já financiava *deficits* orçamentários vendendo apólices vitalícias.

Graunt despertou a sociedade para as principais doenças que causavam as mortes e elaborou cálculos estatísticos que foram os primeiros indícios históricos do que hoje fazem as empresas de planos de saúde complementar. Para isso, chegou a utilizar dados mais confiáveis de uma paróquia na Irlanda. O primeiro censo oficial no Reino Unido foi feito muitos anos mais tarde, em 1801.

Graunt foi um precursor da teoria da amostragem, sendo que, nos primeiros cálculos, ele usou o conjunto completo de registros das pessoas, e não uma amostra do universo da população de Londres. Mas ele raciocinou sistematicamente sobre dados de uma forma que ninguém tentara antes.

A maneira pela qual ele analisou os dados estabeleceu os fundamentos da estatística. A conclusão tirada a partir de amostras de um conjunto de pessoas hoje é conhecida como inferência estatística, que apoia, por exemplo, as empresas seguradoras até hoje.

Para reduzir a incerteza ligada à falta de informações, naquela época os cafés de beira do cais eram a maior fonte de informações, pois os marinheiros é que traziam as novidades quando os navios aportavam e enchiam os bares de pessoas interessadas em ouvir as conversas. Esse papel é hoje desempenhado pela internet.

Em 1816, Gauss, considerado por Napoleão como o maior matemático de todos os tempos, foi convidado para liderar uma pesquisa geodésica na Baviera, difícil por sua extensão geográfica e pela curvatura da Terra. Como era impossível medir cada metro quadrado, esta pesquisa foi feita em estimativas, a partir de amostras de distâncias. Ao analisar estas estimativas, Gauss notou que elas variavam muito, mas se ele aumentasse o número de estimativas, elas pareciam se agrupar ao redor de um ponto central, média de todas as observações, e se distribuíam simetricamente em ambos os lados da média. A ligação entre o risco e a medição da curvatura da Terra é maior do que se possa imaginar. Com o nascimento da curva de Gauss, ou curva normal, é possível coletar dados, estudar sua distribuição e projetar o futuro de forma sistemática, permitindo que possamos decidir se devemos ou não correr certo risco.

Quetelet e, depois, Galton viam curvas em sino em tudo. Quetelet mediu os tórax de 5.738 soldados escoceses e descobriu que as medidas se distribuíam dentro da curva normal. Galton encontrou a curva normal nas notas de 78.634 alunos de Cambridge. Estas análises de amostras começam a apontar para a existência da lei da regressão à média. Galton aprofundou seus estudos e, em 1877, descobriu o importantíssimo conceito de regressão à média e o comprovou plantando ervilhas de tamanhos diferentes e mostrando que suas descendências regressavam à média, ou seja, ervilhas maiores não produziam, necessariamente, descendentes maiores. Galton também comprovou o conceito de curva normal e regressão à média quando, em 1885, coletou informações sobre 928 filhos adultos nascidos de 205 casais, analisando a altura de todos. O resultado foi surpreendente! Todos os pais com alturas médias superiores a 173 cm tiveram filhos com alturas médias inferiores; já os com alturas médias inferiores a 173 cm tiveram filhos com alturas médias superiores. Exatamente como as ervilhas! Se isto não fosse verdade, seriamos um mundo de gigantes.

E isto pode ser comprovado atualmente, por exemplo, no mercado de ações, onde, sem o conceito de retorno à média, as ações subiriam indefinidamente.

Taleb e colaboradores (2008), em seu livro *A lógica do cisne negro*, trazem uma abordagem crítica com relação à curva normal, utilizando o conceito dos *outliers* ou "cisnes negros", pontos extremos, completamente fora da curva normal.

Modernamente existem contribuições valiosas. Em 1936, John Maynard Keynes, ao tratar da teoria geral do emprego, do dinheiro e dos juros, rejeitou a teoria das decisões sobre probabilidades, afirmando que a maioria de nossas decisões é resultado de nossa vitalidade, e não o resultado de uma média ponderada de benefícios quantitativos multiplicados por probabilidades quantitativas (Bernstein, 1997).

Essa observação foi feita por Keynes, em 1936, depois do grande *crack* da Bolsa de Valores de Nova York, ocorrido em 1929, que ele não pôde prever. Bernstein considera Kenneth Arrow o personagem mais moderno da história do risco até o fim do século XX, por sua contribuição, em 1971, ao escrever sobre relações entre o dinheiro, os contratos e a incerteza.

Como podemos ver, matemática, estatística e lidar com as incertezas quanto ao futuro sempre estiveram ligadas e constituíram uma preocupação da humanidade em buscar meios de reduzir as incertezas relacionadas com o futuro. O gerenciamento de riscos não trata de decisões futuras mas, sim, do futuro das decisões que tomamos hoje. Além disso, o gerenciamento de riscos não é determinístico — não diz o que você deve ou não fazer, mas apenas dá um conjunto de informações para que você possa tomar melhores decisões. Mas a decisão continua sendo sua! Isto explica por que, diante do mesmo conjunto de informações, não existe uma resposta única, e pessoas diferentes, perante a mesma situação de incerteza (risco), poderão tomar decisões diferentes.

O que são riscos

Imagine, neste momento, que vamos jogar uma moeda para o alto. Ela tem a mesma probabilidade (50%) de cair com uma das faces para cima. Em que face você apostaria? Cara ou coroa? O resultado não é certo, e surge daí a necessidade de tomar decisões em ambientes de incerteza.

A administração dos riscos está mais desenvolvida em áreas como finanças, bancos e companhias seguradoras, mas riscos existem em toda parte. As seguradoras vivem do risco, pois assumem os riscos das pessoas mediante um pagamento chamado prêmio ou comissão de risco. O comércio também é atividade de risco, e as incertezas, por menores que sejam, estão presentes em todas as atividades.

Gerenciamento de riscos consiste em identificar as possíveis incertezas e tentar controlá-las. Se tudo fosse puramente uma questão de sorte ou azar, o gerenciamento de riscos não teria sentido, e analisar tendências tampouco.

Nunca dispomos de 100% das informações necessárias para a tomada de decisões, o que caracteriza a incerteza. T. S. Elliot escreveu, parafraseando Sócrates, que "o que sabemos é que não sabemos". Podemos dizer, então, que vivemos em um ambiente de incertezas, e que se quisermos ter algum domínio sobre acontecimentos futuros, devemos exercitar prevê-los. Este exercício de previsão requer a disponibilidade de um conjunto de informações, pois:

- quando temos todas as informações sobre algo, temos absoluta certeza. Se tivermos absoluta certeza, isto não pode ser classificado como risco; é coisa conhecida;
- quando temos informação parcial, ou estamos em um ambiente mutável, não temos certeza e, por ser uma incerteza, existe a probabilidade de ocorrer ou não;
- quando não temos absolutamente nenhuma informação, isto é o total desconhecimento; é coisa que "a gente não sabe que não sabe", total incerteza.

Neste ambiente, existe uma bela reflexão sobre o assunto:

> Eu não me preocupo com as coisas que sei que não sei. Eu só me preocupo com as coisas que não sei que não sei. Porque as coisas que sei que não sei, é fácil — é só procurar, que vou saber. Porém, as coisas que não sei que não sei, não tenho nem por onde começar!
>
> Einstein (*circa* 1940)

Como um exemplo, você, leitor, sabia que, no evento do atentado terrorista ocorrido com as torres gêmeas em Nova York no famoso 11 de setembro de 2001, o seguro feito cobria apenas o montante relativo a uma das torres? Alternadamente, de forma que qualquer ocorrência com qualquer das torres estaria coberta, mas só pelo montante correspondente a uma. Isto quer dizer que o fato de que algo pudesse acontecer com as duas torres, provavelmente era um evento absolutamente imprevisto, e, portanto, nenhum mecanismo de proteção adicional foi gerado. No entanto, a total desinformação só existe até que as coisas aconteçam pela primeira vez. A partir daí, deixa de ser desconhecida, porque passa a existir informação histórica. A questão que se coloca agora é: se as torres fossem reconstruídas, quantas seriam colocadas no seguro? Para enriquecer um pouco esta análise, lembremos que este não foi o primeiro atentado terrorista nas torres gêmeas. Em fevereiro de 1993, colocaram um caminhão com 680 kg de explosivos na garagem, com o objetivo de derrubar a torre 1 (Norte) sobre a torre 2 (Sul), arrasando assim as duas torres. O atentado falhou, mas, mesmo assim, matou seis pessoas e feriu mais de mil. Será que este atentado seria suficiente para nos dar um histórico e, com isto, nos fazer mudar a decisão sobre o seguro das torres? Qualquer coisa que concluirmos será uma inferência, mas é certamente um caso sobre o qual pensar. No mínimo, não temos mais o direito de dizer que não sabíamos que algo poderia acontecer com as duas torres.

Podemos, então, dizer que o espectro do gerenciamento de riscos não cobre a total certeza, nem a total incerteza, abrangendo, no entanto, um espectro de incerteza previsível que contempla a maior parte do que pode ocorrer com projetos, conforme demonstra a figura 1.

Figura 1
ESPECTRO DO GERENCIAMENTO DE RISCOS

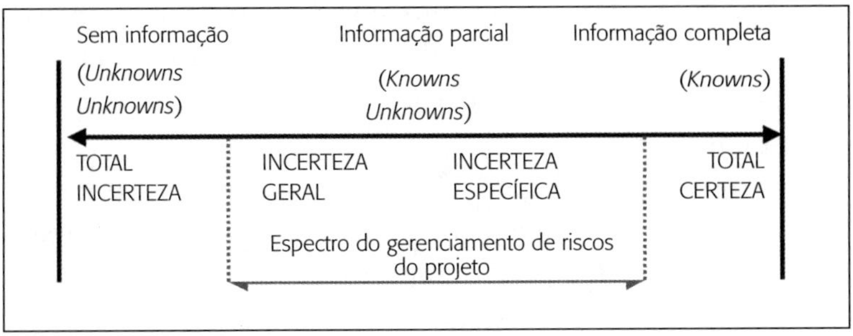

Gerenciar riscos envolve a tomada de decisões em ambiente incerto, complexo e dinâmico. Vamos fazer, neste momento, uma pergunta para refletir sobre as condições presentes no processo de tomada de decisões.

Do que você tem certeza? Certamente a resposta é: NADA! Não temos certeza absoluta de nada.

Vamos agora fazer outra pergunta, que nos motiva a gerenciar riscos em projetos.

O que pode dar errado no projeto? Com certeza, a resposta é: qualquer coisa! Qualquer coisa pode dar errado em um projeto. Essa é a famosa lei de Murphy, que diz que tudo aquilo que pode dar errado certamente dará errado.

A incerteza e a surpresa são marcantes em projetos. O futuro é feito de incertezas. O mercado gira em torno da incerteza. A economia vive a incerteza quanto à reação da sociedade com suas expectativas racionais. Risco é incerteza.

Segundo Cleland e Ireland (1999:143), "a incerteza afeta bastante os resultados dos projetos". Total incerteza indica total falta de informações, enquanto total certeza significa a disponibilidade da totalidade das informações. De um modo geral, os projetos não contam com a totalidade das informações necessárias para planejar o trabalho, pois estamos lidando com o futuro, e quando lidamos com o futuro, este é, por natureza, incerto.

Riscos são eventos incertos que podem ocorrer ou não e, seguramente, vão afetar os objetivos do projeto. Não temos certeza se vão ocorrer ou não, e não temos certeza em que grau eles vão ocorrer.

Por exemplo, imagine o projeto de um churrasco no domingo. Qual o risco de chover no dia do churrasco? É baixo? É alto? É moderado? Qual o impacto da chuva no sucesso do churrasco? Baixo? Alto? Moderado?

Neste momento vamos evidenciar a chuva no dia do churrasco como um evento de risco. O objetivo aqui é entender o que são riscos. Mais ainda, entender quais são os riscos e como estes podem afetar o projeto churrasco.

Vamos agora explorar algumas características dos eventos de risco, como, por exemplo, tentar quantificá-los. Quanto você estaria disposto a pagar para ir a esse churrasco? R$ 10? R$ 100? R$ 1 mil?

Se o churrasco lhe custasse R$ 1 mil, você confirmaria sua presença ou recusaria o convite? E se custasse R$ 45, você confirmaria? E se o churrasco custasse R$ 45, mas houvesse uma chance muito grande de chover, impedindo o jogo de futebol que é do seu maior interesse, você iria? Agora a chuva começa a influenciar claramente o benefício esperado do churrasco.

Esse benefício é também chamado de utilidade. A utilidade está ligada ao desejo, ao proveito e à satisfação que atribuímos aos eventos. A utilidade é diretamente afetada pelo evento de risco, estando ligada ao impacto deste evento.

Muitas pessoas que gostam de assumir riscos dão alta importância ao valor percebido do risco, pois veem mais utilidade para si no fato de saber precisamente qual o tamanho do risco *versus* sua expectativa de resultado. É o que ocorre nas loterias, por exemplo. Aceitamos uma grande probabilidade de ter uma perda pequena em troca de uma pequena probabilidade de obter um ganho muito grande.

Culturalmente, sempre vemos riscos como sendo algo negativo, o que não é uma verdade, conforme veremos a seguir.

Definições

Definições usuais de risco traduzem-no por perigo, inconveniente, probabilidade de perigo, algo sempre ruim.

No *Guia PMBOK®* (2008) encontramos outras definições aplicáveis, agora tecnicamente, já pela ótica do gerenciamento de riscos em projetos. A definição de riscos feita pelo PMI é precisa e comunica uma importante quebra de paradigma quando aborda riscos de efeitos negativos e positivos: "Risco é um evento ou condição incerta que, se ocorrer, provocará um efeito positivo ou negativo nos objetivos do projeto".

Quanto ao processo de gerenciamento de riscos, a definição do PMI é:

> Gerenciamento de riscos é o processo de identificação, análise, desenvolvimento de respostas e monitoramento dos riscos em projetos, com o objetivo de diminuir a probabilidade e o impacto de eventos negativos e de aumentar a probabilidade e o impacto de eventos positivos.

Estas definições e o próprio entendimento de que risco é uma incerteza nos apontam que as consequências deste evento não são, necessariamente, ruins ou negativas. Incertezas podem ter consequências negativas, mas podem, igualmente, tê-las positivas. Isto configura uma natureza dupla do risco: impactos positivos ou negativos sobre os resultados do projeto. Tomemos como exemplo um evento de risco cambial: forte elevação da taxa cambial em função da incerteza política.

Este evento de risco, se sua empresa é exportadora, é algo com consequências positivas (oportunidade), pois sua ocorrência provocará um aumento, em moeda local, do seu faturamento. No entanto, se sua empresa é importadora, as consequências são negativas (ameaça), pois sua ocorrência provocará um aumento de custos. Se sua empresa for importadora de insumos e exportadora de produto acabado, o mesmo evento será, ao mesmo tempo, um risco positivo e negativo, com pesos diferentes.

Qualquer decisão relativa ao gerenciamento de riscos em projetos envolve um evento objetivo e uma visão subjetiva do valor desse evento. Cada atividade tem um benefício (ou utilidade) que é percebido de modo distinto por pessoas diferentes. O mesmo resultado pode ser mais útil para uma pessoa do que para outra. Ele pode ser mais valorizado por uma pessoa do que por outra. Esse valor pode ser tangível ou intangível, implícito ou explícito.

O valor associado ao evento de risco pode ser tangível e mensurável, ou não. Sempre poderemos considerar aspectos intangíveis no processo de tomada de decisão relativo a riscos.

Para melhor trabalhar com incertezas, precisamos compreender os componentes dos riscos.

Componentes e tipos de risco

Todo risco tem, obrigatoriamente, três componentes:

- o evento em si, no qual deve ser identificada a causa raiz (fonte) do risco, bem como seu efeito (consequência);
- uma probabilidade associada;
- um impacto.

Nestes componentes podemos perceber que a probabilidade está diretamente associada à causa raiz, assim como o efeito está associado ao impacto. Isto significa que, se tomarmos ações sobre a causa do risco, estaremos mexendo na probabilidade de ele acontecer; se tomarmos ações sobre o efeito do risco, estaremos mexendo no impacto. Um claro exemplo disto é quando decidimos colocar um carro no seguro. Ao segurarmos nosso carro, não estamos atacando a causa do risco, pois as probabilidades de acidentes ou roubo do carro continuam as mesmas de antes de o seguro ser feito (algumas pessoas acham que a probabilidade de acidente ou roubo de automóveis segurados até aumenta, pois o proprietário fica mais relaxado ou descuidado); estamos atacando o efeito, pois caso ocorra algum sinistro ou roubo, quem paga é a seguradora, já que transferimos o risco para ela.

Segundo a metodologia proposta, utilizaremos estes três componentes mais adiante, para fazer análise dos riscos, atribuindo graus de impacto e de probabilidade a cada risco identificado, com a finalidade de classificar os riscos em ordem de importância relativa e balizar o processo de tomada de decisão.

Algumas pessoas tomam decisões relativas aos eventos de risco avaliando apenas um dos componentes de peso — ou a probabilidade ou o impacto. Isto é ruim, pois não possibilita uma adequada dimensão do risco de forma a permitir a tomada de decisão. E, ainda, pessoas diferentes reagem à mesma situação de risco de formas distintas.

Vamos analisar agora os tipos de risco. Estamos em um ambiente de projetos e temos a cultura tradicional de que riscos em projetos são específicos, diferentes dos outros tipos de risco nas organizações. Isto não é verdade! Ao olharmos para uma organização de qualquer segmento, porte ou composição acionária, esta tem sua operação dividida entre processos e projetos:

- processos mantêm a operação, a produção; mantêm o *status quo*;
- projetos alteram a operação; alteram o *status quo*.

Como as organizações estão permanentemente lidando com o futuro (planos estratégicos, novos produtos, serviços, mercados etc.), estão, por consequência, lidando permanentemente com riscos em todos os níveis:

- riscos operacionais, ligados a processos;
- riscos de projetos, ligados à implementação do novo;
- riscos estratégicos.

Quais são as reais diferenças entre estes tipos de risco? Se refletirmos, veremos que não há nenhuma diferença substancial. Como as organizações estão permanentemente lidando com o futuro (planos estratégicos, novos produtos, serviços, mercados etc.) elas enfrentam riscos em todos os níveis: todos são incertezas futuras, têm causa raiz, têm efeito, têm probabilidade, têm impacto... e têm que ser gerenciados! Isto dá uma dimensão completamente diferente à metodologia que veremos neste livro — esta tanto serve para gerenciarmos riscos em projetos, quanto para gerenciarmos riscos operacionais, ou até riscos estratégicos.

Quando pensamos nos riscos em projetos, estes podem ser de dois tipos:

- risco interno do projeto — é aquele risco que está ligado ao processo de desenvolvimento, ou seja, ligado às nove áreas de conhecimento definidas no *Guia PMBOK®* (2008). Como o processo de desenvolvimento é de responsabilidade do fornecedor, então ele deve absorvê-los e tratá-los;
- risco externo ou de negócio — é aquele risco que está ligado ao produto final do projeto, ao que entregaremos para o contratante. Este risco, se é de negócio, é passível de negociação.

Reação das pessoas às situações de risco

Um projeto é qualquer esforço temporário que visa a um produto ou serviço único. Consome recursos limitados, que podem ser serviços, materiais, equipamentos ou seres humanos. Projetos são realizados por pessoas. E cada pessoa reage de modo diferente ao mesmo estímulo ou a uma mesma situação de risco. Um aumento de custo em um projeto pode ser encarado de modo diferente por pessoas diferentes. A visão e a valorização do benefício decorrente de um determinado aumento de riqueza são inversamente proporcionais à quantidade de riqueza anteriormente possuída. Isso explica as diferentes reações de cada pessoa diante do mesmo evento de risco.

Todas as pessoas tomadoras de decisão tendem a maximizar o seu proveito e a sua satisfação, mas isso é feito de formas diferenciadas para cada pessoa e em distintos graus de valorização. Os seres humanos têm diferentes graus de atração ou de exposição aos riscos. As pessoas têm também diversos graus de crença na repetição de padrões de comportamento do passado. Qualquer evento é absolutamente singular, e qualquer modelo de representação do risco é uma representação parcial da realidade. Pessoas distintas realizam diferentes aproximações da realidade por diferentes meios e a partir de diferentes graus de informação. Cada pessoa reagirá de modo diferente da outra face a uma situação de incerteza.

A probabilidade de ser atingido por um raio durante uma tempestade é insignificante, mas muitas pessoas têm medo dessa possibilidade. O medo do impacto deveria ser proporcional à sua gravidade e também à probabilidade de o evento acontecer. No entanto, as pessoas reagem de modo diferente ao mesmo fato, nesse caso, a queda de um raio. O medo de voar de avião ou de helicóptero é diferente para cada um, e cada pessoa reage com distinto grau de ansiedade durante uma turbulência no avião.

Em geral, temos, basicamente, dois tipos distintos e extremos de pessoas no que se refere à postura diante do risco: as avessas ao risco e as tomadoras de riscos (*risk takers*). Algumas vezes percebemos que certas pessoas tidas como avessas ao risco não o são, necessariamente. Elas são, na verdade, avessas à perda, avessas ao dano provocado pelo evento de risco, ou seja, ao seu impacto potencial.

Imaginemos que vamos fazer uma aplicação financeira. Onde colocaremos nosso dinheiro? Caderneta de poupança? Só se for da Caixa Econômica Federal ou do Banco do Brasil, por questão de segurança? Em um fundo de renda fixa? Um pouco em cada? Fundo de ações? Ou em derivativos, opções, futuro, *commodities*? Esta decisão está diretamente associada à característica pessoal com relação a situações de incerteza, como pode ser visto na figura 2.

Figura 2

REAÇÃO PESSOAL A SITUAÇÕES DE INCERTEZA

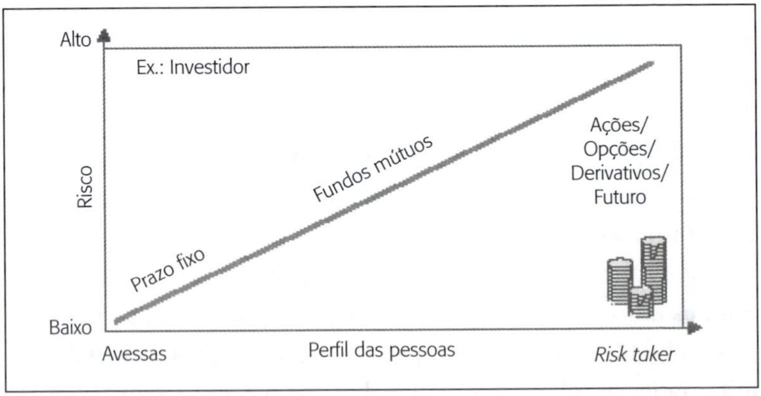

Isto demonstra que não podemos deixar o processo de gerenciamento de riscos de um projeto na mão de apenas uma pessoa, pois características e culturas pessoais ou organizacionais influenciarão fortemente os resultados. Pessoas avessas a riscos tenderão a criar mecanismos de defesa excessivos, dificultando as ações com excesso de controles ou encarecendo sobremaneira o projeto. Tomadores de risco (*risk takers*) tenderão a não dar a devida importância a situações de risco médio ou pequeno, aumentando muito a exposição do projeto. Deste modo, a principal maneira de se eliminar tais extremos é desenvolver o gerenciamento de riscos de um projeto em equipe, de forma que possamos diluir as mencionadas características pessoais extremas.

Planejamento de gerenciamento de riscos

Uma das principais preocupações do gerente de projetos e sua equipe em relação ao assunto deve acontecer logo no início das atividades e se refere ao planejamento do gerenciamento de riscos, que vem a ser uma breve reflexão inicial sobre como iremos lidar com os riscos do projeto ao longo de sua concepção e desenvolvimento. Neste momento procuramos refletir e responder às questões básicas que se seguem.

- Qual o sistema gerencial a ser utilizado no gerenciamento de riscos? Qual a frequência a ser estabelecida no gerenciamento dos riscos do projeto?
- Que papel que o gerenciamento de risco irá ter no desenvolvimento do projeto? Qual a importância?
- Existirão resistências no uso do gerenciamento de riscos do projeto por parte dos *stakeholders*?
- Quem serão os *stakeholders* envolvidos com o gerenciamento de riscos do projeto e quais suas responsabilidades no processo?
- Que processo utilizaremos para fazer a identificação dos riscos?
- Quais os formulários e relatórios que serão usados por todos os *stakeholders* no gerenciamento de riscos do projeto?

- Quais as formas de análise e de acompanhamento dos riscos do projeto? Quais os indicadores?
- Serão usadas fontes de dados históricos para ajudar no processo de identificar e quantificar os riscos do projeto? Quais?
- Existirão reservas a serem alocadas? Quais e onde (no bolso de quem)?

Para desenvolver um trabalho relevante no que diz respeito ao planejamento do gerenciamento de riscos em projetos, o gerente e sua equipe devem considerar, inicialmente, os documentos até então tratados pelo projeto. Faz-se necessário consultar, essencialmente, o termo de abertura do projeto (*project charter* ou documento de abertura), os documentos de escopo e a estrutura analítica do projeto (WBS). É preciso, também, ter as estimativas iniciais, já realizadas, de prazo e custo. Com base nestes documentos, e fazendo-se considerações sobre as formas estruturais do projeto e da organização que está envolvida, é possível traçar as primeiras diretrizes a respeito do gerenciamento dos riscos.

É recomendável o conhecimento das políticas corporativas de gerenciamento de riscos, bem como de políticas adotadas anteriormente, levando-se em conta as experiências já realizadas. Desta forma, as empresas que já possuem um procedimento-padrão para o gerenciamento de riscos em projetos certamente facilitarão a vida do gerente e de sua equipe em termos de padrões — nomenclaturas, descrição de papéis, categorização etc.

A preocupação em organizar todo o gerenciamento dos riscos de um projeto pode ser expressa em um único documento, que irá orientar o gerente e demais envolvidos no desenvolvimento das ações referentes aos processos de gerenciamento de riscos.

Nesta fase é importante ter absoluto domínio sobre o momento de se desenvolver o gerenciamento dos riscos. Em que ponto, no ciclo de vida do projeto, devemos começar a nos preocupar com os riscos? Quando eles ocorrem? Antecipadamente? Quando?

Iniciando o gerenciamento de riscos

O gerenciamento de riscos, desde seu planejamento até o desenvolvimento das respostas a eles, deve ser feito na concepção do projeto, no momento de seu planejamento inicial, antes de tomarmos a decisão final sobre se devemos ir em frente ou não (momento de decisão de *go/ no-go* do projeto ou de fechamento da proposta), conforme a figura 3.

Figura 3

O MOMENTO DE INICIAR O GERENCIAMENTO DE RISCOS

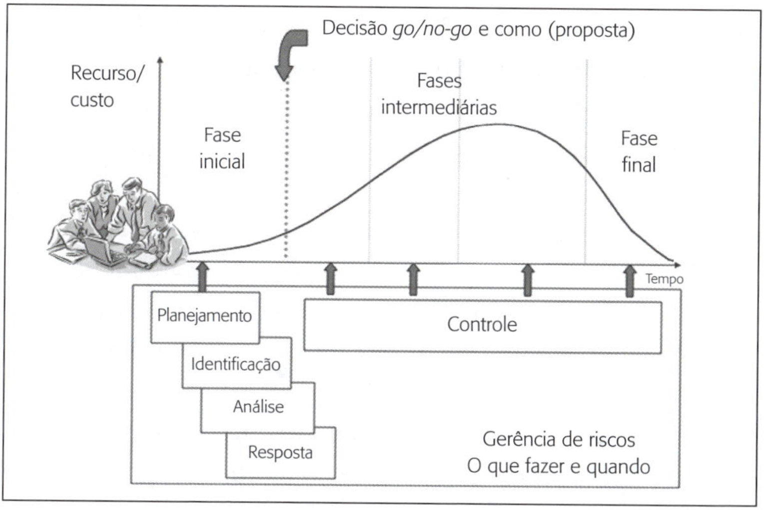

De acordo com essa concepção, o gerenciamento dos riscos só deve ser iniciado após termos planejado o projeto, isto é, já termos definido seu objetivo, desenvolvido nossa WBS, planejado as entregas (*deliverables*) do projeto, a qualidade, o cronograma, a estimativa de custos ou projeção de resultados, enfim, após termos nossa proposta do projeto concluída. Isto se deve ao fato de que precisaremos destas informações como base para o gerenciamento dos riscos do projeto.

Cabe ressaltar que estas atividades são cíclicas, o que significa que as respostas aos riscos podem nos levar a identificar novos riscos, bem como gerar alterações no que havia sido previamente definido em termos de, por exemplo, escopo, tempo, custos, resultado ou qualidade.

Fazermos as atividades até a determinação de respostas aos riscos é mandatório, pois uma das maneiras de responder aos riscos de um projeto é, por exemplo, incluir cláusulas contratuais que transfiram o risco para o cliente ou contratar um seguro. Se não fizermos este processo antes de fechar efetivamente o negócio, não teremos como definir a forma como iremos em frente com o projeto. Estaremos deixando variáveis importantíssimas de fora do nosso processo de decisão.

Neste momento o leitor pode questionar: "Já temos tanto o que fazer antes de apresentarmos uma proposta — e normalmente o cliente nos pressiona sobremaneira para que a apresentemos rapidamente —, e agora temos mais um conjunto de atividades que precisamos adicionar a este momento?" A resposta é sim, e categoricamente. "E se não o fizermos?" O máximo que podemos lhe dizer é "*boa sorte*", porque você irá precisar dela!

Não é isto que acontece quando colocamos nosso carro no seguro? O momento de colocar o carro no seguro é antes de sairmos com ele para a rua!

Devemos lembrar que, neste momento do planejamento inicial e concepção do projeto, estamos definindo como será nossa vida profissional por todo o prazo compromissado de desenvolvimento do projeto e, portanto, não podemos deixar de ser extremamente cuidadosos no planejamento. Isto certamente inclui o gerenciamento dos riscos do projeto, de forma a reduzir os impactos das possíveis incertezas. Mais tarde, no capítulo 4, veremos a importância do gerenciamento de riscos como diferencial competitivo de projetos.

Neste momento, leitor, sugerimos que você faça uma reflexão sobre os projetos dos quais tenha participado. Nestes, certamente incertezas se materializaram e devem ter provocado inúmeras mudanças no projeto, ocasionando potenciais renegociações.

Aqui, certamente, alguns paradigmas devem estar lhe afligindo:

- A gerência de risco toma muito tempo... Não tenho este tempo no planejamento!!!
- Se eu fizer isto, vou aumentar o custo do projeto... Não ganho mais um contrato!!!! Perco competitividade!!!
- O cliente não quer saber dos riscos... Eu tenho que assumir!!!!
- Isto é um trabalho de especialista... Temos que designar um gerente de riscos do projeto.
- Riscos de projetos são diferentes de riscos de negócio ou riscos operacionais...
- Não posso quantificar os riscos, pois não tenho histórico...

Ao longo deste livro iremos desconstruir todos estes paradigmas, provando que todos são falsos, frutos da nossa cultura tradicional de não gerenciar riscos.

Agora devemos nos lembrar de que não existe projeto que não sofra a ocorrência de algumas incertezas; portanto, risco é algo que está presente em todo e qualquer projeto. Se isto é fato, temos que procurar pensar nas possíveis incertezas e procurar identificá-las.

Identificação dos riscos

Uma vez estabelecido o plano que orientará as ações referentes ao gerenciamento de riscos em projetos, cabe apresentar o processo de identificação de riscos. Este processo pode ser visto como crítico, pois apenas os riscos conhecidos ou identificáveis podem ser adequadamente equacionados (Carvalho e Rabechini Jr., 2005).

O objetivo do processo de identificação dos riscos é gerar uma lista refinada daqueles que podem ameaçar ou gerar oportunidades com relação aos objetivos do projeto (Hillson, 2001).

A identificação, na verdade, dá início ao processo de tratamento dos riscos do projeto anteriormente planejado, e pode ser vista como um procedimento a ser desenvolvido em três etapas distintas e complementares, podendo ser realizado por meio de várias rodadas. São elas: analogia com projetos anteriores, categorização dos riscos e identificação de novos riscos, com consequente desenvolvimento de uma lista de riscos do projeto. Vejamos cada uma delas.

Riscos históricos: processo de analogia

A analogia refere-se ao esforço em buscar informações históricas e conhecimento acumulado em projetos de natureza semelhante que porventura tenham sido realizados anteriormente, tanto internamente, na própria organização, quanto com relação a entidades externas que mantenham históricos de riscos em projetos. A existência de tais informações permitirá maior rapidez e exatidão ao processo de identificação de riscos como um todo.

A analogia, tanto interna quanto externa, está associada ao fato de que nenhum projeto novo significa uma lista de riscos inteiramente nova. Projetos de mesma característica, entretanto, tendem a ter um número bastante grande de riscos típicos que, portanto, podem se repetir em projetos subsequentes.

Isto faz com que a analogia facilite e acelere o processo de identificação dos riscos de um projeto, pois não estaremos gastando tempo desnecessário para identificarmos riscos que, historicamente, aconteceram em projetos de características similares.

No caso de analogia externa, pressupõe-se que existam organizações, associações ou entidades de classe que mantenham históricos de riscos em projetos que possam ser usados como referência. Ao se buscar estas entidades, entretanto, nota-se que não existem, na realidade, bancos de dados históricos de riscos disponíveis por tipo de projetos, ou seja, não encontramos bases de informação que permita a analogia externa. A pouca coisa existente no que se refere a riscos por segmento são dados relativos a riscos externos de projetos, mantidos por organizações externas, como por exemplo:

- entidades financeiras mantêm históricos de taxa cambial, índices de inflação e indicadores financeiros;
- históricos de índices pluviométricos, por região etc.

E com relação à nossa expectativa de um banco de dados histórico de riscos, que englobe as lições aprendidas de vários projetos, de várias organizações? Infelizmente, isto é uma proposição meramente acadêmica, que não existe no mundo real. Ao lidarmos com gerência de riscos nas organizações, percebemos que estas não vão compartilhar suas experiências com outras organizações. Isto se deve ao fato de que:

- se estamos mal, não queremos que ninguém saiba; portanto não vamos compartilhar nossas experiências!
- se estamos bem, também não queremos que ninguém saiba, pois a gerência de riscos é, para nós, um diferencial compe-

titivo, e queremos prolongar o máximo possível este diferencial. Portanto, também não vamos compartilhar nossas experiências!

No caso de analogia interna à organização, vamos buscar nossos históricos de projetos semelhantes. Ao fazermos o gerenciamento de riscos em um projeto, estamos criando uma base histórica, que servirá como fonte de consulta para novos projetos e gerará padrões para nossa organização.

EAR – Estrutura analítica de riscos

Ao final do processo de identificação dos riscos, faremos a sua categorização, isto é, promoveremos o grupamento dos riscos por afinidade ou tipo. Isto normalmente os irá agrupar, por tipo de categoria, dimensões técnicas, organizacionais ou funcionais, gerenciais e do ambiente externo (*PMBOK*®, 2008). Caso o leitor esteja fazendo o gerenciamento de riscos de seu primeiro projeto, no qual ainda não há históricos, a preocupação com categorias só deverá acontecer após a identificação dos riscos do projeto.

A categorização dos riscos pode ser representada por uma *risk breakdown structure* (RBS) ou estrutura analítica de riscos (EAR), que mostra uma estrutura hierárquica dos riscos em projetos, agrupando-os em níveis segundo suas categorias. A figura 4 mostra um exemplo deste tipo de estrutura.

Neste exemplo, a categoria de risco técnico envolve tudo que se refere à tecnologia inerente ao projeto e à complexidade das entregas (*deliverables*) associadas. Nesta categoria, em geral, estão os elementos que se referem ao produto ou serviço relativo ao projeto, bem como requisitos de seu escopo, interfaces e parâmetros de qualidade. A categoria de riscos organizacionais refere-se a incertezas causadas pela estrutura organizacional da empresa em que está situado o projeto. Nesta categoria estão inseridos os elementos de cultura e clima organizacional que possam interferir, por exemplo, na alocação de recursos das áreas funcionais necessários ao projeto. Isto ocorre principalmente quando uma organização tem uma cultura fortemente baseada em processos, caracterizada por funções e atividades rotineiras e, por diversas razões, precisa trabalhar com projetos, mesmo que temporariamente. Na categoria de riscos de gerenciamento se encontram as possibilidades de ineficiência de planejamento e controle das atividades de projetos. Ela inclui o gerenciamento da qualidade, dos *stakeholders*, das pessoas e materiais, bem como dos problemas de comunicação entre equipes de projetos. Por fim, a categoria dos riscos externos é representada por incertezas inerentes ao ambiente externo ao projeto, mas que o afetam, tais como alterações de leis, regulamentações, novas políticas, câmbio, entre outras. Nesta categoria também se encontram os elementos inerentes ao planejamento estratégico, como dados de mercado, concorrentes, fornecedores, clientes etc.

Figura 4
Exemplo de EAR (*PMBOK®*, 2008)

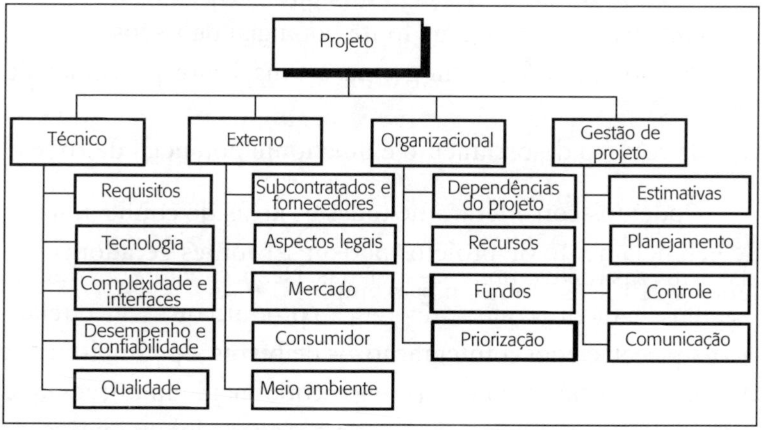

No entanto, não existe um modelo fixo e determinístico de EAR, pois as categorias serão fortemente influenciadas pelo tipo e características do projeto, segmento de negócio, cultura da organização ou mesmo por seu interesse no controle do projeto durante a execução. Porém, com o contínuo uso do gerenciamento de riscos nos projetos, começamos a desenvolver uma estrutura típica de categorias para projetos de uma mesma natureza, gerando a nossa própria EAR, o que facilitará, sobremaneira, o processo de identificação de riscos nos próximos projetos. É importante ressaltar que essa experiência acumulada deverá ser utilizada como uma fonte de inspiração apenas, uma referencia; nunca como uma camisa de força.

Métodos para a coleta de informações para identificação de novos riscos

Uma vez organizadas as informações sobre o projeto, precisamos realizar a identificação de novas incertezas que possam ocorrer. Neste processo devemos olhar para riscos nas mais diversas áreas, pois:

- cada item do escopo é uma fonte potencial de riscos;
- cada caixa da WBS é uma fonte potencial de riscos;
- cada atividade do cronograma é uma fonte potencial de riscos;
- cada recurso do orçamento é uma fonte potencial de riscos.

Podemos considerar que todas as áreas de conhecimento de gerenciamento de projetos podem ser fontes geradoras potencias de riscos, como, por exemplo:

- riscos associados à integração — ambiente do projeto;
- riscos associados ao escopo — escopo maldefinido;
- riscos associados aos prazos — prazos apertados ou inviáveis;

- riscos associados aos custos — orçamentos apertados ou inviáveis;
- riscos associados a recursos humanos em projetos — doenças, absenteísmo, produtividade, demissão, capacitação;
- riscos associados à falha de comunicações — perda de informações, comunicação ineficaz;
- riscos associados à perda de qualidade — falhas e inadequação de conteúdo;
- riscos associados a suprimentos e aquisições — baixa performance, produtos fora das especificações, não cumprimento dos prazos.

Para trabalhar tais possibilidades, diversas ferramentas e técnicas de dinâmica de grupo estão disponíveis para a equipe do projeto envolvida no gerenciamento dos riscos.

As principais envolvem: *brainstorming*, *brainwriting*, técnica Delphi e análise Swot, descritas brevemente a seguir.

Brainstorming e brainwriting

A técnica mais conhecida, certamente, é o *brainstorming*, em que um facilitador (geralmente o gerente de projetos) conduz uma reunião de dinâmica de geração de ideias, neste caso visando à identificação dos riscos do projeto. A ideia central desta técnica é a "carona na ideia do outro".

Os *stakeholders* envolvidos com o *brainstorming* são o gerente do projeto e pessoas selecionadas de sua equipe. Caso você tenha bom relacionamento com o cliente, convide-o para participar. Isto tem uma conotação psicológica, pois, após a sessão, o cliente passa a perceber os riscos identificados como sendo do projeto, e não de responsabilidade exclusiva do fornecedor. É claro que, caso o cliente participe da sessão, deveremos focar apenas nos riscos inerentes ao projeto, não abordando riscos internos da equipe ou do fornecedor.

O processo do *brainstorming* compreende os seguintes passos e regras:

- selecionar participantes, distribuir as informações sobre o projeto, designar um secretário e agendar a sessão;
- na sessão o gerente de projeto deve atuar como facilitador, instigando e buscando a participação e contribuição de todos;
- não ao não — esta é a regra básica e significa que não se deve questionar ou rebater qualquer ideia que tenha sido colocada, sob pena de estarmos colocando freios no processo criativo;
- não existe outra regra além da que acabamos de mencionar (todo processo criativo é anárquico por natureza);
- conforme as ideias vão sendo colocadas, o secretário as vai documentando;
- ao final da sessão, teremos uma lista de riscos identificados para o projeto.

Uma técnica decorrente do *brainstorming* é o *brainwriting*. Com o mesmo objetivo, esta técnica gera ideias (riscos) por escrito, em vez de por debates. Ela compreende os seguintes passos:

- cada participante anota os principais riscos (sob o seu ponto de vista) numa folha;
- após um período de tempo combinado as folhas são trocadas (no sentido horário, por exemplo) entre os participantes;
- repete-se esta etapa quantas vezes forem necessárias e elabora-se uma lista de riscos visualizados pelo grupo;
- selecionam-se os riscos que farão parte da lista final.

Porém, estas duas técnicas apresentam dois limitadores:

- pressupõem que todos os participantes estão disponíveis fisicamente para a sessão (o que nem sempre é possível);

- caso entre os participantes existam pessoas de uma mesma estrutura hierárquica (como chefe e funcionários), é bastante comum a inibição e a consequente não contribuição por parte dos que se encontram no nível hierárquico inferior (no exemplo, os funcionários).

Uma das formas de se lidar com estes limitadores é o emprego da técnica Delphi, que pode ser usada complementarmente.

Técnica Delphi

Esta técnica funciona como se fosse um *brainstorming* remoto e anônimo e desenvolve-se de acordo com o seguinte processo:

- designa-se um facilitador e escolhem-se os participantes, que serão os mesmos *stakeholders* abordados na técnica de *brainstorming* antes descrita. Apenas o facilitador terá conhecimento sobre os participantes e suas respectivas respostas;
- o facilitador distribui as informações sobre o projeto e pede aos participantes que gerem uma lista de riscos, individual e anonimamente, e a enviarem para ele;
- o facilitador consolida as diversas listas em uma lista única. A primeira consolidação é, normalmente, extremamente trabalhosa, pois participantes diversos podem ter descrito o mesmo risco de forma diferente. Isto implica que a consolidação deve ser analítica, visando unificar o mesmo risco, descrito de forma diferente por vários participantes, em um único texto;
- o facilitador redistribui a lista consolidada aos participantes, para que a revisem/complementem. Este é o momento em que cada participante se inspira a partir dos riscos identificados pelos demais;

- os participantes devolvem a lista de riscos ao facilitador, que novamente a consolida.

Este processo pode se repetir, sendo comum dois, três ou até quatro ciclos de redistribuição, possibilitando a inspiração de todos a partir das ideias de todos. O término será quando o retorno dos participantes não trouxer mais nenhuma novidade relevante.

Uma variação do uso da técnica Delphi é a presença de especialistas como participantes que, separadamente, fazem recomendações específicas e de caráter técnico, fundamentalmente quanto aos riscos do projeto.

Análise Swot

Mais recentemente, os gerentes têm adotado a análise Swot para auxiliar no processo de identificação dos riscos de um projeto. Consideramos que todo projeto está associado a um negócio, e que o primeiro passo em qualquer negócio é entender o ambiente externo no qual ele está inserido, bem como o alinhamento estratégico deste ambiente externo com o ambiente interno. A forma de se fazer isto é através da análise Swot (como estamos preparados, dentro da empresa, para atender ao que identificamos fora). Os projetos estratégicos deverão atender às oportunidades e ameaças identificadas no processo de planejamento estratégico.

A análise Swot é uma abordagem de análise estratégica (escola de design, conforme Christensen et al., 1969) cuja abreviação deriva de forças, fraquezas, oportunidades e ameaças (*strengths, weakness, opportunities and threats*). Podemos definir cada um dos elementos da análise Swot como sintetizado no quadro 1.

Quadro 1

ELEMENTOS DA ANÁLISE SWOT

Oportunidades	Tendências sociais, econômicas, comerciais, mercadológicas e políticas, com consequências potencialmente positivas para o projeto.
Ameaças	Tendências sociais, econômicas, comerciais, mercadológicas e políticas, com consequências potencialmente negativas para o projeto.
Forças	Recursos e competências superiores de que se dispõe para explorar/alavancar oportunidades e minimizar ameaças. São fatos.
Fraquezas	Deficiências que inibem a capacidade de desempenho e devem ser superadas para explorar/alavancar oportunidades e minimizar ameaças. São fatos.

De forma a facilitar esta análise, a metodologia propõe um modelo, como, graficamente, se pode visualizar na figura 5.

Figura 5

ANÁLISE SWOT

Este modelo gráfico ratifica a existência de uma imprescindível e mandatória associação entre os componentes do ambiente externo (ameaças e oportunidades) e as do ambiente interno (forças e fraquezas).

As oportunidades e ameaças do ambiente externo ao projeto são tendências e, portanto, incertezas.

Neste modelo, cada quadrante tem um significado, conforme se pode ver no quadro 2.

Quadro 2

SIGNIFICADO DOS QUADRANTES DA ANÁLISE SWOT

Quadrante	Característica – Estratégia de ação
Ameaça/força	Estamos prontos para enfrentar estas ameaças
Oportunidade/força	Estamos prontos para capturar ou alavancar estas oportunidades
Ameaça/fraqueza	NÃO estamos prontos para enfrentar estas ameaças
Oportunidade/fraqueza	NÃO estamos prontos para capturar ou alavancar estas oportunidades

Nestas estratégias de ação, entende-se por "estar pronto" (força) quando possuímos os recursos humanos, financeiros, logísticos, sistêmicos e competências para atuar na oportunidade/ameaça do ambiente externo. O "não estar pronto" (fraqueza) pressupõe a não adequação ou a inexistência de um ou mais dos recursos necessários para poder atuar na oportunidade/ameaça.

A partir do identificado nos quadrantes da análise Swot é que desenvolveremos os planos de ação. As oportunidades e ameaças para as quais estamos prontos (forças) devem ser cuidadas para que não as percamos. No entanto, todas as oportunidades e ameaças que identificarmos como não estando prontas (fraquezas) deverão obrigatoriamente ser alvo de um plano de ação, de forma a transformarmos a fraqueza em força. Porém, neste momento de identificação dos riscos, é suficiente a identificação das variáveis, sem ser necessária (ainda) a definição das estratégias, pois isso será feito somente após a análise dos riscos.

A última etapa do processo de identificação dos riscos em projetos é o fechamento da lista de risco que, agora, pode ser refinada, graças ao cumprimento das etapas anteriores. É o que veremos a seguir.

A lista de riscos

A lista de riscos deverá ser expressa considerando-se dois aspectos: primeiro, ela deve ser clara o suficiente para poder ser entendida por todos. Neste aspecto, vale a pena cuidar da redação de cada risco identificado, evitando excesso de frases e declarações, bem como evitando o uso de termos técnicos de difícil compreensão, ou que possam gerar interpretações dúbias.

O segundo aspecto refere-se à qualidade das informações expressas em cada risco identificado e descrito. Neste aspecto, vale a pena destacar a importância da exatidão dos termos apresentados nas declarações dos riscos. Muitas declarações de riscos, por exemplo, são cópias fiéis de termos técnicos utilizados nos bancos de dados de setores específicos e que podem, ou não, coincidir com a linguagem da organização onde o projeto está sendo desenvolvido. O uso de linguajar técnico ou mesmo de termos em outros idiomas pode afetar o entendimento real das declarações de riscos em projetos.

Desta forma, o gerente do projeto deve estar consciente de que, embora boas redações não impliquem necessariamente entendimento, se a qualidade das declarações não estiver condizente com os objetivos do gerenciamento de riscos, isto poderá significar problemas. Ou seja, uma má declaração de risco, seja por conta da redação ou por conta da qualidade dos termos apresentados, pode comprometer a avaliação futura.

A descrição final do risco deverá, obrigatoriamente, ser feita em um único texto, contemplando a causa raiz do risco identificado (fonte do risco) e o seu efeito. Se vamos tratar os riscos posteriormente e existe a relação da causa com a probabilidade e do efeito com o impacto, como vimos, não podemos deixar de contemplar as duas partes da descrição, de forma a facilitar o nosso trabalho posterior no processo de análise dos riscos.

A forma de escrevermos os riscos deve ser: "pode ocorrer [...], causando assim um impacto em [...]" ou "se [...] ocorrer, então um impacto em [...] poderá ocorrer".

Veja exemplos a seguir.

- Nova tecnologia utilizada limita a capacidade de alocação de recursos técnicos para o desenvolvimento, podendo ocasionar atraso no cronograma em função de curva de aprendizado.
- Possível forte elevação da taxa cambial provocará aumento dos custos do projeto em função de equipamentos importados.

Esta descrição poderá ocorrer em um único texto, como acima, ou em dois textos, separando-se a causa raiz do efeito. Para utilização em softwares, esta segunda alternativa é melhor, pois permite que usemos, por exemplo, o campo de efeito como um filtro, permitindo que vejamos todas as causas raízes que provocam um determinado efeito.

Após a correta identificação e descrição dos riscos, devemos agora categorizá-los.

Categorizando os riscos

Neste momento devemos agrupar os riscos por afinidade, criando as categorias ou refinando e complementando nossa EAR, como vimos anteriormente. Esse agrupamento, como observado, nos auxiliará no processo de identificação de riscos nos próximos projetos, fazendo com que as categorias funcionem como filtros e elementos instigadores da reflexão para identificação de riscos.

Além disso, como em breve vamos ter que gerenciar (acompanhar) os riscos do projeto, as categorias nos auxiliarão a distribuí-los entre os membros da equipe, procurando alocar as categorias às pessoas com conhecimento específico para lidar com cada uma delas. Por exemplo, se temos riscos de categoria contratual, a melhor pessoa para acompanhar estes riscos seria alguém com conhecimento de gerenciamento de contratos ou um advogado.

Para fazer a categorização dos riscos identificados, devemos cumprir o seguinte processo:

- colocar os riscos em *post-its*, um em cada;
- em equipe, ir colocando os *post-its* no quadro ou na parede, procurando agrupar os riscos por afinidade ou categoria;
- ao final, dar um nome à categoria.

Este processo vai gerar a EAR (RBS) do projeto. É claro que se já tivermos uma EAR de projetos semelhantes este processo de categorização será facilitado, pois as categorias já estarão identificadas e, nesse caso, passa a ser um processo de refinamento e aprimoramento delas.

Essas categorias devem sempre estar associadas à causa raiz do risco e nunca ao seu efeito. Isso se deve ao fato de que a fonte do risco, aquela que deve ser cuidada e acompanhada, é a causa, e não o efeito. Tomemos como exemplo o risco: "possível forte elevação da taxa cambial provocará uma elevação dos custos do projeto, em função de equipamentos importados".

Neste exemplo, a categoria deveria ser "cambial", e não "custos". Isto facilitaria sobremaneira a correta alocação dos riscos para pessoas da equipe que tenham o melhor perfil para o acompanhamento futuro do risco.

Após vermos todas estas ferramentas, qual deve ser o processo para a correta geração das listas de riscos de um projeto?

O passo a passo da identificação dos riscos

O passo a passo no processo de identificação dos riscos pode ser sintetizado na figura 6.

Figura 6
O PROCESSO DE IDENTIFICAÇÃO DE RISCOS

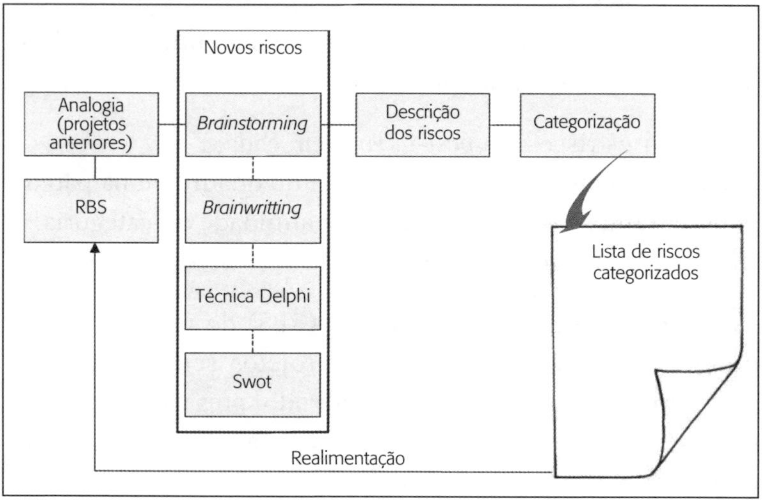

O produto final deste processo é uma lista de riscos (de oportunidade e de ameaça):

- identificados e descritos corretamente (com causa e efeito);
- categorizados;
- com data de identificação (lembre-se de que nada impede a identificação de novos riscos ao longo do desenvolvimento do projeto).

Neste capítulo procuramos explicitar o que são riscos e seus componentes, e quando devemos nos preocupar com o início do gerenciamento de riscos, além de termos visto os processos de planejamento e de identificação dos riscos.

No próximo capítulo vamos analisar os riscos identificados, de forma a podermos determinar uma dimensão, um peso para cada um, para nos auxiliar no processo decisório do que fazer com as situações de incerteza do projeto.

2

Análise dos riscos

Neste capítulo você verá como podemos dar uma dimensão, um peso para cada risco, de forma a gerenciá-lo de forma diferenciada.

Uma vez tendo sido identificados os riscos do projeto em questão, a equipe, sob a liderança do gerente do projeto ou de alguém por ele designado, deve proceder à análise desses riscos. Nessa análise deve ser considerado que, invariavelmente, por mais que se invista no confronto de cada risco, pela própria natureza conceitual de um projeto, não será possível prevenir a ocorrência de imprevistos durante sua execução. Essa afirmação pode parecer um tanto estoica, porém é fato que, por mais que a equipe se dedique ao planejamento adequado e preciso de um projeto, este será sempre moldado à luz de uma concepção do que há de vir no trabalho futuro, limitado ao nível de informação disponível no momento.

Sendo assim, considera-se uma prática recomendada pelo moderno gerenciamento de projetos a análise da probabilidade e do impacto de cada um dos riscos identificados, para que estes possam ser tratados de modo adequado.

A análise de riscos abordada neste capítulo considera os processos necessários para analisar a severidade dos riscos identificados pela equipe para um projeto específico e, depois, priorizá-los. Tais processos envolvem o tratamento qualitativo e/ou quantitativo desses riscos, de modo a tornar clara ao gerente do projeto e aos *stakeholders* a importância do tratamento prévio e da prevenção de alguns deles, em prol do alcance dos objetivos do projeto. A premissa é que devemos tentar minimizar as incertezas existentes em tudo que lide com o futuro, como é o caso de um projeto.

Estaremos, portanto, abordando os seguintes passos na promoção de uma análise adequada dos riscos identificados:

- decisão do método a ser utilizado — qualificação/quantificação;
- qualificação;
  - atribuição de um grau da probabilidade da ocorrência de riscos;
  - atribuição de um grau ao impacto da ocorrência de riscos;
  - cálculo do determinante geral de riscos do projeto;
  - priorização de riscos;
- quantificação;
  - estimativa numérica da probabilidade da ocorrência de riscos;
  - determinação numérica do impacto da ocorrência de riscos;
  - cálculo do valor monetário esperado;
  - priorização de riscos.

Estes dois processos (qualificação e quantificação) podem ser usados individualmente ou em conjunto: utilizamos a qualificação para fazer uma pré-seleção dos riscos, para depois quantificarmos apenas os riscos selecionados no processo de qualificação.

As informações geradas a partir da análise dos riscos priorizados fundamentarão o desenvolvimento de estratégias de resposta a riscos apropriadas ao caso específico, objetivando a redução do impacto negativo e o aumento potencial dos benefícios decorrentes nos riscos positivos (oportunidades) do projeto, como veremos no capítulo 3.

Iniciando a análise

Como vimos, os componentes do risco são: o evento de risco, descrito com causa e efeito; a probabilidade; e o impacto.

Todo risco tem uma probabilidade associada, que não é zero (zero é a certeza da não ocorrência) nem 100% (isto é a certeza da ocorrência, um fato) e, caso ocorra, provocará um impacto. Sempre.

Existem duas maneiras de se dar um peso ao risco: por meio da qualificação ou da quantificação. Estas duas formas não são mutuamente exclusivas e podem ser usadas complementarmente, como veremos a seguir.

Sem o peso não temos como decidir adequadamente sobre que tipo de reação seria válida para cada risco ou quanto estaríamos dispostos a pagar para lidar com ele. Nós fazemos este tipo de análise quando decidimos colocar nosso carro no seguro. Você pagaria 50% do valor do carro como prêmio de um seguro anual? A decisão certamente variará de pessoa para pessoa, como vimos no capítulo 1, em função de características pessoais, mas, certamente, no processo decisório consideramos o valor do carro (impacto), bem como o risco associado ao uso do carro (probabilidade).

Os riscos de um projeto certamente interferem drasticamente em seus resultados (tempo, escopo, custo, qualidade, resultado financeiro etc.), e precisamos medi-los. Segundo Drucker, em palestra proferida em seminário promovido no Brasil, em 1984, "não se gerencia aquilo que não pode ser medido"; consequentemente, para gerenciar projetos temos que gerenciar as incertezas, e, para tal, temos que medi-las.

Neste momento temos nossa lista de riscos do projeto, todos identificados, descritos corretamente, com causa e efeito, e categorizados. Agora devemos analisá-los, estimá-los.

Após estimarmos os riscos individualmente, observaremos um efeito nos resultados totais do projeto, e a visão destes efeitos é que nos permitirá tomar melhores decisões sobre ele.

A seguir veremos o processo para efetuar a análise dos riscos.

O processo

O processo de análise dos riscos deve ser feito em uma reunião de grupo, a exemplo do processo de identificação e, preferencialmente, com o mesmo grupo. Neste momento a participação de especialistas externos à equipe ou até externos à organização pode ser importante, principalmente se a organização não tiver histórico de riscos de projetos anteriores e/ou se a equipe não tiver experiência prévia em análise de riscos.

Nesta reunião a equipe deve analisar, a partir da lista de riscos identificados e categorizados, a probabilidade e o impacto de cada risco, decidindo seu peso ou grau, de acordo com o método escolhido:

- qualificação apenas;
- qualificação para priorização e pré-seleção, seguida de quantificação numérica dos riscos pré-selecionados;
- quantificação numérica apenas.

Este é o momento em que referências históricas ajudam sobremaneira no processo de análise dos riscos, como visto anteriormente.

A correta descrição do evento de risco com causa e efeito (feita no processo de identificação dos riscos, como visto no capítulo 1) nos auxilia, pois definiremos a probabilidade a partir da causa do risco e, para definirmos o impacto, olhamos para a descrição do efeito.

Na abordagem qualitativa os parâmetros de probabilidade e impacto são expressos por um sistema de avaliação que faz uso de uma legenda, em escala categórica ordinal, composta por adjetivos tais como:

- alto, médio ou baixo (pouca precisão?) ou, então, muito alto, alto, médio, baixo ou muito baixo;
- cores;
- escala numérica de 0 a 1, atribuindo um grau para denotar ordenamento de mérito.

Já numa abordagem quantitativa, os parâmetros de probabilidade e impacto são expressos por meio de valores numéricos. Nesta abordagem a probabilidade do risco será sempre um percentual, que significa a chance de a causa raiz do risco ocorrer. O efeito do risco e seu consequente impacto poderão ser medidos em termos de diversas unidades numéricas, tais como aumento de custo ou dias de atraso no cronograma.

Normalmente as organizações demonstram relativa dificuldade ou desconforto em estimar a probabilidade e o impacto de forma quantitativa, em razão da ausência de dados históricos e de experiências passadas, de referências tidas como *benchmarks* e da não existência de especialistas com experiência em gerenciamento de riscos alocados à equipe do projeto. Desta forma, é comum que as organizações sintam-se mais confortáveis em utilizar critérios qualitativos ordinais na condução do gerenciamento dos riscos de seus projetos. Isto se deve à inexperiência da organização ou da equipe no gerenciamento de riscos em projetos. Qualificar é mais fácil e mais rápido do que quantificar.

Nessa etapa, em função da insegurança em proceder às estimativas, as alternativas são:

- não fazer o gerenciamento de riscos do projeto e, simplesmente, colocar um percentual de segurança (os 10% usuais de margem de segurança?) no preço do projeto;
- fazer o gerenciamento de riscos usando apenas o processo de qualificação na análise;
- fazer o gerenciamento de riscos usando o processo de qualificação para gerar um primeiro filtro — criando uma escala de prioridades para os riscos — e, a partir daí, fazer a quantificação para os riscos selecionados;
- fazer o gerenciamento de riscos usando apenas o processo de quantificação na análise dos riscos.

Diante dessas alternativas temos que tomar cuidado com o que chamamos de "efeito Tostines" (o famoso anúncio de um biscoito): "é fresquinho porque vende mais ou vende mais porque é fresquinho?"

O ambiente de riscos em projeto e o nosso usual desconforto em lidar com isso podem nos levar a optar pela solução simplista de inflar o preço do projeto com uma margem de segurança (usualmente conhecida como coeficiente de contingência) ou, até mesmo, nos induzir a usar apenas a qualificação (como vamos criar um histórico qualitativo?). Aí jamais teremos experiência, dados históricos, cultura ou atitude perante o lidar com as incertezas de um projeto. Temos que quebrar este círculo vicioso! "Não fazemos o gerenciamento de riscos porque não temos *histórico*, e não temos histórico porque não fazemos o gerenciamento de riscos!"

Aqui quebramos um dos paradigmas listados no item "Iniciando o gerenciamento de riscos": *não posso quantificar porque não tenho histórico!* E não terá nunca, pois o que gera o histórico é o simples acompanhamento dos riscos quantificados!

As avaliações da probabilidade e do impacto provocado pela ocorrência de riscos — parâmetros básicos da análise de riscos de projetos — consolidam o nível de informação gerado e embasam as decisões posteriores de priorização e elaboração de planos de abordagem aos riscos.

A estimativa de probabilidades e impactos dos riscos deve, entretanto, ser precedida pelo estabelecimento de diretrizes, padrões e métricas pertinentes, associados ao perfil característico de abordagem de riscos da organização. Desse modo, pressupõe-se que a organização, em algum momento prévio, tenha investido na definição de orientações estratégicas que servissem de norteadores para os gerentes conduzirem o gerenciamento dos riscos dos projetos sob a sua responsabilidade. Esse pressuposto considera, então, que a organização aborda de modo padronizado o gerenciamento dos riscos dos projetos que compõem o seu portfólio.

A existência de diretrizes e padrões organizacionais facilitará, sobremaneira, a análise dos riscos, pois cria padrões de referência e históricos e, a exemplo do que vimos no processo de identificação dos riscos, normaliza as estimativas. Além disso, tipos de projetos diferentes (ou organizações de diferentes segmentos de negócio) terão estimativas distintas, pois culturas organizacionais diversas podem influenciar de forma diferente o processo de análise dos riscos.

Uma das formas de as organizações definirem os critérios de aceitação dos riscos com base em parâmetros de probabilidade e impacto é a utilização de uma grade de tolerância a riscos característica do perfil definido por uma organização genérica. Nesta grade, os eixos de probabilidade e impacto estão mensurados numa escala ordinal, demonstrando sua predisposição e perfil para aceitar ou não riscos decorrentes de severidades diferentes, conforme demonstrado na figura 7. Nela estabelecemos previamente uma escala numérica para conversão da escala ordinal, de forma a possibilitar a geração de gráficos e pesos para os riscos. Por exemplo:

- probabilidade: muito alta (0,9), alta (0,7), moderada (0,5), baixa (0,3), muito baixa (0,1);
- impacto: muito alto (0,9), alto (0,7), moderado (0,5), baixo (0,3), muito baixo (0,1).

Figura 7

Grade de tolerância a riscos

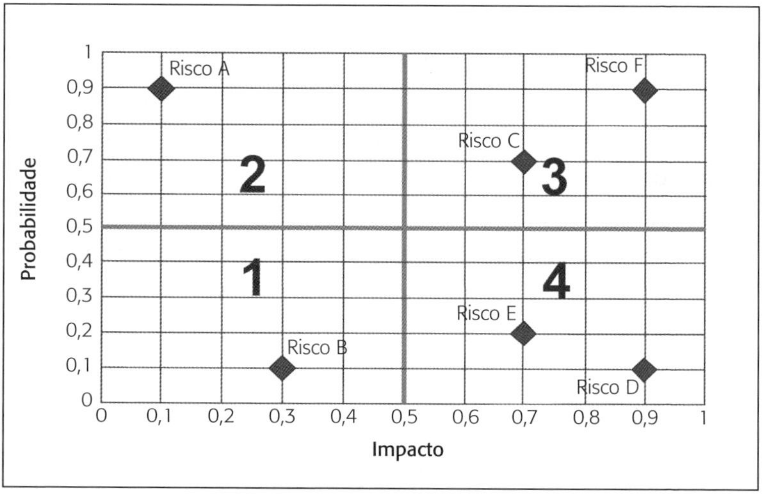

No exemplo apresentado, pode-se interpretar que os riscos localizados no quadrante 1 (baixa probabilidade e baixo impacto) seriam aceitáveis para a organização, enquanto os riscos posicionados no quadrante 3 (alta probabilidade e alto impacto) seriam considerados inaceitáveis. Pode-se definir, ainda, que os riscos localizados nos quadrantes 2 ou 4 necessitariam de propostas de estratégias de prevenção antes que pudessem ser aceitos pela organização. Adicionalmente, pode-se considerar que o nível de risco aceitável para a organização dependerá do perfil de aversão ou aceitação a riscos, e da importância de cada projeto, individualmente, para o portfólio estratégico da organização.

Outra forma de vermos o processo de seleção dos riscos a serem tratados é usar a mesma escala numérica, mas criando um grau para cada risco, como demonstrado na tabela 1.

Tabela 1
GRAU DE RISCOS QUALIFICADOS

	Impacto				
Probabilidade	**0,1 (MB)**	**0,3 (B)**	**0,5 (M)**	**0,7 (A)**	**0,9 (MA)**
0,9 (MA)	0,09	0,27	0,45	0,63	0,81
0,7 (A)	0,07	0,21	0,35	0,49	0,63
0,5 (M)	0,05	0,15	0,25	0,35	0,45
0,3 (B)	0,03	0,09	0,15	0,21	0,27
0,1 (MB)	0,01	0,03	0,05	0,07	0,09

MA = muito alto(a); A = alto(a); M = médio(a); B = baixo(a); MB = muito baixo(a)

Nessa tabela, a organização poderia definir que, por premissa, só trataria dos (ou se preocuparia com os) riscos cujo peso final fosse maior do que 0,1. Assim, todos os riscos qualificados como "muito baixos" ou "baixos", tanto para probabilidade quanto para impacto, não seriam tratados (todos com resultantes menores do que 0,1). Além disso, esta tabela também fornece uma visão comparativa entre os riscos, na medida em que permite que se visualize um peso (nem sempre preciso) para cada risco e que se comparem os riscos entre si.

Considerando que a análise de riscos de projetos é, por natureza, uma atividade carregada de subjetividade e que avaliações errôneas por parte da equipe podem impactar significativamente o alcance do sucesso dos projetos, é de se esperar que padrões organizacionais estabelecidos forneçam diretrizes para a abordagem da avaliação das probabilidades e impactos característicos de cada um dos riscos identificados. Tais diretrizes contemplariam a definição de critérios qualitativos e/ou quantitativos que orientariam a avaliação das probabilidades e impactos, e reduziriam o potencial de subjetividade do trabalho.

Estes padrões e diretrizes só podem ser gerados a partir do início do gerenciamento de riscos de projetos em uma organização. Dados de projetos que terminam, que vão sendo organizados e acumulados, criam a base de referência histórica da organização e estabelecem cultura e padrão de comportamento com relação a incertezas em projetos.

O produto final da análise dos riscos é a lista de riscos do projeto, contemplando:

- riscos identificados e categorizados (produto do processo de identificação);
- probabilidade e impacto respectivos, analisados e qualificados e/ou quantificados (produto do processo de análise).

Há que se enfatizar que o fato de probabilidade e impacto serem avaliados de modo qualitativo ou quantitativo não significa que a análise dos riscos, como um todo, seja caracterizada como qualitativa ou quantitativa. Na abordagem qualitativa de riscos estamos, na verdade, preocupados em qualificar a importância e a prioridade do risco, enquanto na abordagem quantitativa estamos preocupados em quantificar a probabilidade e o impacto dos riscos nos resultados do projeto.

Vamos ver agora os processos de qualificação e de quantificação, entendendo seus respectivos benefícios.

Qualificação

A abordagem qualitativa nos dá uma primeira dimensão do peso dos riscos. Podemos classificar as variáveis probabilidade e impacto em escalas ordinais, variando, por exemplo, de "muito baixo" até "muito alto".

Para tal podemos usar ferramentas computacionais que irão facilitar o trabalho que será conduzido pela equipe do projeto. A figura 8 ilustra um exemplo de planilha de análise de risco via processo de qualificação. Nela são considerados, de forma simples, riscos com impactos em custo, cronograma, escopo e qualidade. A partir dos riscos listados, vamos analisá-los quanto à probabilidade e ao impacto, registrando na ferramenta nossa percepção do peso da variável. Note que, ao se registrarem os pesos para o impacto, um índice de impacto geral para aquele risco é gerado.

Como dito, a organização que autoriza o projeto é que geralmente oferece os critérios de avaliação das probabilidades dos riscos identificados, que podem ser estimados segundo padrões qualitativos ordinais ou quantitativos. Cabe ainda à organização oferecer subsídios norteadores, de modo que o nível de subjetividade intrínseco do trabalho possa ser mantido dentro de padrões adequados. De outro modo, o resultado da análise dos riscos estaria absolutamente associado à condição de interpretação e análise próprias da equipe do projeto.

A figura 9 ilustra a planilha de análise de risco apresentada na figura 8 como padrão típico de uma organização, agora com os níveis definidos de estimativas de probabilidade.

Figura 8

PLANILHA DE ANÁLISE QUALITATIVA DE RISCO

Análise de riscos
Identificação do projeto:

Identificação de riscos		Avaliação qualitativa do risco								
		Impacto						Propriedade de risco		
Risco Nº	Descrição do risco	Custo	Cronograma	Escopo	Qualidade	Geral	Probabilidade	Alta	Média	Baixa
1										
2										
3										
4										
5										
6										
7										
8										
9										
10										

Figura 9

Planilha de análise qualitativa de risco: escala de probabilidade

Análise de riscos

Identificação do projeto:

Identificação de riscos		Avaliação qualitativa do risco								
Risco Nº	Descrição do risco	Impacto					Probabilidade	Propriedade de risco		
		Custo	Cronograma	Escopo	Qualidade	Gera		Alta	Média	Baixa
1										
2										
3										
4										
5										
6										
7										
8										
9										
10										

Probabilidade do risco se nenhuma ação for tomada

1. Muito improvável de acontecer (0,1)
2. Mais provável de não acontecer do que acontecer (0,3)
3. Probabilidade de acontecer ou não é igual (0,5)
4. Mais provável de acontecer do que de não acontecer (0,7)
5. Muito provável que ocorra (0,9)

No caso aqui ilustrado, as probabilidades dos riscos identificados seriam avaliadas de acordo com o critério definido no comentário colocado na célula na figura 9. Note que isto é apenas um exemplo, e a própria organização é que deve definir os pesos.

Tal como adotado na estimativa da probabilidade, a organização que autoriza o projeto é que geralmente oferece os critérios de avaliação dos impactos dos riscos identificados, que também podem ser estimados segundo padrões qualitativos ordinais ou quantitativos.

O impacto é definido como o valor da consequência do risco sobre os objetivos do projeto: uma estimativa do ganho ou perda caso o risco aconteça.

Entretanto, o parâmetro "impacto do risco" deve ainda ser avaliado segundo um critério adicional que aponte qual objetivo do projeto sofrerá as consequências da ocorrência do risco. Desse modo, recomenda-se que essa avaliação seja feita à luz dos condicionantes típicos do sucesso de um projeto, ou seja, do impacto do risco sobre o escopo, o cronograma, o orçamento ou o nível de qualidade do projeto.

Esta análise pode oferecer complicações decorrentes de vários fatores:

- riscos podem interagir de modos inesperados;
- um único evento de risco pode causar efeitos múltiplos;
- oportunidade para um *stakeholder* (exemplo: custo reduzido) pode ser considerada ameaça para outro (exemplo: lucro reduzido).

Retomando a planilha de análise de risco apresentada na figura 9 como padrão típico de uma organização destacam-se, na figura 10, os critérios de avaliação do impacto de riscos sobre os condicionantes principais do sucesso de um projeto.

Figura 10

Planilha de análise qualitativa de risco: escalas de impacto

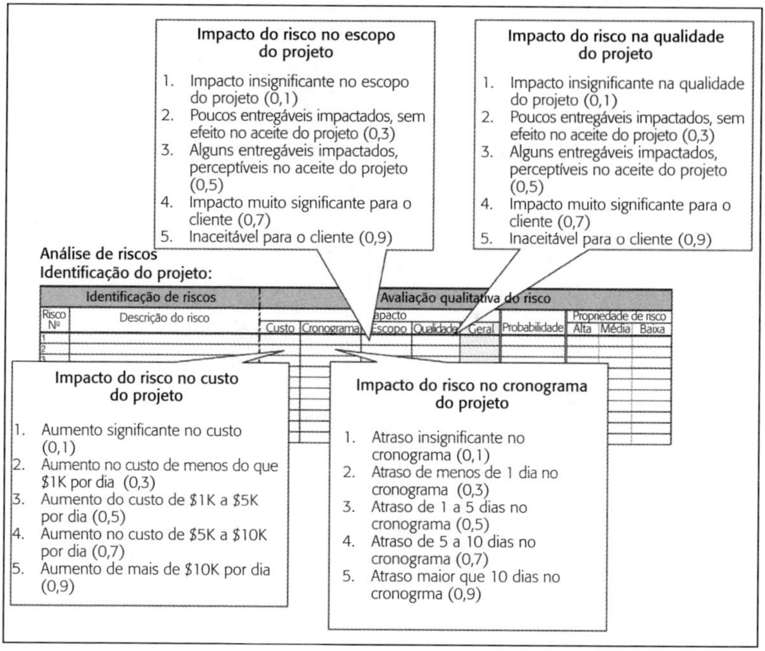

No caso aqui ilustrado, os graus atribuídos ao impacto da ocorrência de riscos dos projetos estão especificados na própria figura 10. Ressalte-se que, no caso do impacto no custo, o grau pode ser atribuído tanto a partir de valores quanto em percentuais sobre o valor total do projeto.

Em geral, o impacto total resultante da ocorrência dos riscos para o projeto é considerado como o de maior valor dos pesos atribuídos a cada um dos condicionantes principais do sucesso (custo, cronograma, escopo e qualidade). Por exemplo: se um risco é definido como de baixo impacto para custo, cronograma e escopo, mas é considerado de alto impacto para a qualidade do projeto, então ele será considerado de alto impacto. A figura 11 ilustra a combinação dos diferentes tipos de impactos de riscos na planilha típica de análise de risco.

Figura 11

PLANILHA DE ANÁLISE QUALITATIVA DE RISCO: IMPACTO

Impacto consolidado do risco do proejto

Identificação de riscos		Avaliação [illegible] do risco									
Risco Nº	Descrição do risco	Impacto					Probabilidade	Impacto x Probabilidade	Prioridade do risco		
		Custo	Cronograma	Escopo	Qualidade	Geral			Alta	Média	Baixa
1	Ocorrência de chuvas	0,5	0,7	0,3	0,1	0,7	0,3	0,21			
2	Falta de material por escassez	0,3	0,5	0,1	0,7	0,7	0,7	0,49			
3	Paralisação da obra	0,9	0,9	0,1	0,1	0,9	0,3	0,27			
							SOMA	0,97			
							RISCO GERAL	39,92%			

Os dados de probabilidade e impacto de cada risco devem ser combinados de modo a se estabelecer uma avaliação geral do peso de cada risco, multiplicando-se o impacto geral pela probabilidade. Em consequência, tem-se o total do projeto somando-se os resultados individuais dos diversos riscos. Essa avaliação resulta, portanto, na determinação de um valor representativo geral dos riscos do projeto, o que complementa as informações para a tomada de decisão de aceitação do projeto pós-planejamento detalhado.

Esse risco geral do projeto é uma média ponderada da importância dos riscos a que ele está sujeito, ou seja, é uma média ponderada das multiplicações de probabilidade por impacto de todos os riscos pertinentes identificados. Seu cálculo é feito por meio do somatório dos resultados individuais de probabilidade *versus* o impacto de todos os riscos identificados, normalizado pelo máximo valor possível desse somatório, isto é, se o máximo valor que a probabilidade de um risco individual qualquer pode assumir é igual a 0,9 e o máximo valor que o impacto desse mesmo risco pode assumir é igual a 0,9, então o máximo valor que a multiplicação de probabilidade por impacto desse risco individual pode assumir é igual a 0,81. Sendo assim, o risco geral do projeto é calculado pela fórmula apresentada abaixo:

$$\text{Risco geral} = \frac{\sum_{j=1}^{n} (I_j \cdot P_j)}{n\,(0{,}81)}$$

A figura 12, planilha de análise qualitativa de risco, ilustra o cálculo do determinante geral de riscos do projeto por meio da aplicação da fórmula citada.

Figura 12

PLANILHA DE ANÁLISE QUALITATIVA DE RISCO: RISCO GERAL

ANÁLISE DE RISCOS

IDENTIFICAÇÃO DO PROJETO:

Determinante geral de risco do projeto:

Identificação de riscos		Avaliação qualitativa do risco									
Risco Nº	Descrição do risco	Impacto					Probabilidade	Impacto x Probabilid	Prioridade do risco		
		Custo	Cronograma	Escopo	Qualidade	Geral			Alta	Média	Baixa
1	Ocorrência de chuvas	0,5	0,7	0,3	0,1	0,7	0,3	0,21			
2	Falta de material por escassez	0,3	0,5	0,1	0,7	0,7	0,7	0,49			
3	Paralisação da obra	0,9	0,9	0,1	0,1	0,9	0,3	0,27			
							SOMA	0,97			
							RISCO GERAL	39,92%			

Seguindo no cálculo do risco geral do projeto, um fator de peso poderia ter sido aplicado entre os condicionantes principais do sucesso (custo, cronograma, escopo e qualidade) de modo a fornecer uma visão mais adaptada ao perfil de riscos e à importância atribuída a cada um dos condicionantes para o sucesso do projeto. Por exemplo, imagine um projeto de lançamento de um novo produto que deverá estar nas lojas para aproveitar as vendas no Natal. Nesse caso, qualquer risco que venha a prejudicar o cronograma e que implique atraso do projeto poderá comprometer o próprio projeto, considerando que, fora do período do Natal, o produto não teria um apelo de mercado adequado. Sendo assim, a organização tenderia a dar um peso maior aos riscos que impactassem mais o condicionante cronograma.

Outro modo de analisar o risco geral do projeto é a manipulação comercial de riscos. Considerando que o projeto será vendido a um cliente, com contrato a preço e escopo fechados, provavelmente a organização se resguardará dos riscos inerentes por meio de reservas financeiras que levarão em consideração os resultados do risco geral.

Neste processo estamos com a qualificação dos riscos em escala ordinal e com nossa lista contemplando riscos de diversas naturezas. Aventemos a hipótese de que temos dois riscos de naturezas diferentes, conforme apresentado na tabela 2.

Tabela 2

RISCOS DE NATUREZAS DIFERENTES E SEUS PESOS

Natureza do risco	Probabilidade	Impacto	Peso
Risco de produção	MA	A	0,63
Risco de logística	MA	A	0,63

MA = muito alta; A = alto.

Ao usarmos o processo de qualificação, estamos atribuindo um grau a cada risco, independentemente de sua natureza. Estamos com isto afirmando que os pesos dos dois riscos de naturezas diferentes são iguais? A importância que devemos dar ao tratamento dos dois riscos é, necessariamente, a mesma? Não necessariamente! Isto começa a apontar que a qualificação, certamente, é excelente ferramenta se a compararmos com o que fazemos hoje, isto é, apenas colocar um percentual de segurança. Porém, se quisermos um efetivo gerenciamento dos riscos, a qualificação nos dá apenas uma breve ideia dos pesos e importância dos riscos. Precisamos de algo mais intenso, de forma a melhorar o nosso processo decisório. Não podemos gerenciar aquilo que não podemos medir. Consequentemente, se medirmos timidamente, gerenciaremos timidamente.

Quantificação

Se comparada com o não fazer o gerenciamento dos riscos, a análise qualitativa dos riscos oferece benefícios consideráveis no entendimento do projeto e de suas incertezas futuras.

A análise quantitativa dos riscos, entretanto, fornece informações mais precisas para uma avaliação mais adequada do projeto. Afinal, as decisões de maior impacto costumam ser tomadas logo no início do ciclo de vida do projeto, durante sua concepção. Assim, a despeito das dificuldades encontradas na materialização desse intento, estimativas as mais precisas e o mais cedo possível são consideradas fundamentais.

Como vimos, devemos aqui dimensionar a probabilidade e o impacto de cada risco. A probabilidade será sempre um percentual, e o impacto poderá ser medido em termos de diversas unidades, tais como aumento de custo, ou dias de atraso no cronograma.

Porém, diferentes unidades de impacto tornam difícil, se não impossível, a comparação dos riscos de categorias diferentes entre si. Os riscos são do projeto, e devemos gerenciá-los, independentemente da categoria a que pertençam. Portanto, devemos levar todos os impactos para a mesma unidade, de forma a podermos comparar os riscos entre si. E a única unidade comum a todos os riscos é a financeira. Podemos transformar qualquer unidade de efeito em dinheiro. Isto fará com que possamos comparar os riscos entre si.

Para entendermos a importância da quantificação, tomemos uma declaração feita em torno de 1880 por Lord Kelvin, físico e matemático escocês (Bernstein, 1997:218):

> Quando se pode medir um elemento sob análise e expressar este elemento em números, é possível demonstrar algum conhecimento sobre o elemento. Mas quando não se pode medir o elemento sob análise, nem expressar suas propriedades em termos numéricos, o conhecimento sobre ele é reduzido e insatisfatório: este pode ser o início de algum conhecimento, mas ainda está muito distante do estágio de ciência.

Uma nova reflexão: só existem dois setores da economia, que são essencialmente gestores de riscos e, curiosamente, estes dois setores apresentam resultados de negócio acima da média — setores financeiro e segurador. Nestes, nenhuma decisão de negócio é tomada sem que o gerenciamento de riscos seja feito. E, fundamentalmente, a análise dos riscos é *sempre* quantitativa. Ora, se estes dois setores apresentam excelentes resultados de negócio, possuem larga experiência no gerenciamento de riscos e somente usam a quantificação, será que isto não nos sinaliza algo? Devemos nos esforçar para fazer a análise quantitativa, de forma a tentar obter, para os nossos projetos, os mesmos benefícios que o preciso gerenciamento de risco traz para os dois setores citados. Isto pode ser demonstrado através da afirmativa de Peter Bernstein

(1997:218), executivo de mercado financeiro, em seu livro *Desafio aos deuses:*

> Sem números, não há vantagens nem probabilidade; sem vantagens e probabilidades, o único meio de lidar com os riscos é apelar para os Deuses e o destino. Sem números, o risco é uma questão de pura coragem.

Segundo Bernstein, sem números o risco é uma irresponsabilidade, pois pura coragem e irresponsabilidade são a mesma coisa. Ou seja, será que após refletirmos sobre estas declarações ainda assim usaremos impunemente apenas a qualificação? Uma reflexão para você, caro leitor.

Quando quantificarmos os riscos, veremos que não há muita dificuldade para estimarmos o impacto. Este será, na grande maioria das vezes, um valor que guarda uma certa correlação com o valor total do projeto porque, por exemplo, conjunta ou isoladamente:

- significa uma multa contratual;
- teremos que trabalhar mais x% com relação ao prazo original do projeto;
- teremos um impacto de y% no escopo do projeto, o que provocará um impacto no prazo;
- poderá causar um impacto ambiental onde o custo de recuperação ou o valor de multa é de R$ z.

Nossa insegurança estará na estimativa da probabilidade, pois isso nós nunca fizemos antes. Nunca paramos para pensar, de forma concreta, nas incertezas. Porém, aqui devemos nos lembrar novamente do "efeito Tostines" mencionado anteriormente. Mesmo que não tenhamos históricos de projetos anteriores ou possibilidade de usarmos a analogia externa, ainda assim devemos fazer uma estimativa da probabilidade, de forma a podermos iniciar o processo de análise e de geração da base histórica. É melhor estimarmos de forma pouco precisa do que não fazê-lo. Neste sentido podemos usar técnicas de dinâmica de grupo visando capturar diversas experiências, ou até usar especialistas que nos apoiem neste processo.

Tomemos como exemplo, novamente, uma seguradora. Vamos imaginar que acabou de ser lançado um novo modelo de carro no Brasil. Se o modelo é novo, não há histórico. Isso significa que a seguradora não fará o seguro do seu carro porque não tem dados históricos? É obvio que não! A seguradora toma como base o histórico de outro carro de mesmas características, provavelmente aplica um fator de correção e determina o prêmio do seguro do seu novo carro. A partir daí a seguradora passa a acompanhar o histórico de comportamento deste tipo de carro, gerando sua base de dados. Imaginemos que, no dia seguinte, a seguradora identifique que o carro tem um desempenho de risco maior do que o estimado no dia anterior. Imediatamente ela ajusta o valor do prêmio para os próximos carros a serem segurados. Isto porque, para a seguradora, não importa muito o risco de um único carro — ela gerencia o risco da carteira de carros!

Isso aconteceu quando do lançamento, no Brasil, do modelo Fox, da Volkswagen, quando um usuário (o primeiro) foi fazer o seguro. Naquele momento a seguradora não tinha histórico do modelo em questão, o que não significou que ela recusasse o negócio (a exemplo da desculpa que damos para nós mesmos para não estimar quando não temos histórico). O primeiro seguro foi feito usando outro carro como base histórica e, quando da renovação, como já existia histórico, o valor do prêmio foi ajustado. E a realidade é que o carro Fox teve um comportamento de muito maior risco do que o inicialmente previsto pela seguradora, o que, na renovação, determinou que o valor do prêmio subisse bastante, mesmo considerados os bônus por não utilização do seguro durante o primeiro ano.

Ao estimarmos probabilidade e impacto para cada risco, geramos o que é a medida da exposição ao risco, chamada de valor esperado ou valor monetário esperado (EMV — *expected monetary value*):

$$\text{Valor esperado} = \text{probabilidade} \times \text{impacto}$$

O nome está dizendo: valor esperado é o que se espera que aconteça!

Se temos uma probabilidade e um impacto para cada risco, temos também um valor esperado para cada um deles. E o risco total do projeto é a soma algébrica dos valores esperados de todos os riscos.

Como é que a seguradora calcula o prêmio de um seguro? Como um banco calcula a taxa de juros que você deve pagar em um empréstimo? Sempre por meio do valor esperado!

Imaginemos que você comprou um carro no valor de R$ 50 mil (impacto total possível) e vai colocá-lo no seguro. Imaginemos que se trata apenas de um seguro contra roubo (apenas para facilitar o entendimento, pois associados ao "projeto uso do carro", temos vários riscos, e o risco total é a soma algébrica dos valores esperados de todos eles. Então, calculemos para um ou para todos os riscos, o processo é o mesmo).

Ao colocar seu carro no seguro você provavelmente respondeu a um questionário no qual a seguradora ia avaliando a sua taxa de risco ao perguntar quantos quilômetros você roda por mês, quantas pessoas dirigem o carro, se você tem filho adolescente que dirige o carro, se o carro pernoita em garagem etc. Isto aponta que seu carro tem vários riscos associados ao uso. Vamos considerar, para efeito de entendimento da mecânica da análise dos riscos, apenas o risco de roubo, e que a taxa histórica de roubo de carros iguais ao seu, na sua cidade seja, por exemplo, de 2%.

Portanto, o valor esperado será 2% × R$ 50mil = R$ 1 mil. Este valor é o que a seguradora espera desembolsar por carro segurado. Portanto, se a seguradora lhe cobrar R$ 1 mil a título de prêmio, ela não estará ganhando nada! Então ela coloca um delta em cima do valor esperado (digamos 200%) e lhe cobra, a título de prêmio pelo seguro, R$ 3 mil. Este delta é necessariamente alto, pois contempla todos os custos operacionais da seguradora, a comissão paga aos corretores, a margem de lucro da seguradora e toda a estrutura de impostos.

Ao olhar para esta conta, a seguradora não tem como garantir que a probabilidade seja realmente de 2%, pois está segurando um único carro. Para poder garantir que a probabilidade seja a mais próxima possível do existente nos registros históricos, é necessário aumentar a amostra, ou seja, a quantidade de carros segurados. Quando fazemos isto estamos usando conceitos estatísticos e nos aproximando da média, utilizando a lei dos grandes números. A seguradora nada mais é do que uma aglutinadora de volume, de forma a, pelo volume, "garantir" a probabilidade usada para o cálculo da exposição ao risco ou valor esperado. O projeto "carro" tem vários riscos associados, e o prêmio pago pelo seguro contempla o somatório do valor esperado de cada um dos riscos, acrescido do delta (lucro da seguradora) explicado anteriormente.

Esta simples conta explica várias decisões importantes, tais como:

- por que fazemos o seguro de nosso carro; afinal, não temos volume e, portanto, não temos como garantir a probabilidade histórica. Para muitas pessoas, a probabilidade de roubo, no caso de um só carro, é de zero ou 100%, porém, isto é um erro matemático, pois a exposição ao risco realmente é influenciada pela probabilidade histórica, ou seja, é baseada no valor esperado. E nós, erradamente, tomamos a decisão baseados apenas no impacto total. Entretanto, se você não tiver problema quanto ao valor total do impacto, provavelmente, não fará o seguro. Um exemplo disto é o fato de que, da frota brasileira de carros de alto luxo (tipo Mercedes), apenas em torno de 3% estão no seguro;

- por que a seguradora faz seguros, pois, ao aglutinar volume, a probabilidade se aproxima da média, reduzindo o desvio-padrão;
- por que organizações que possuem grandes frotas (por exemplo, locadoras de automóveis) não têm nenhum de seus carros no seguro. Se a exposição total é igual ao valor esperado, por que eu devo pagar o delta da seguradora? A locadora cobra o seguro do locatário, mas não o repassa para a seguradora. Afinal, ela, a locadora, também é uma aglutinadora de volume e, nesse caso, por que pagar o delta da seguradora?

O valor esperado dos riscos do projeto será o somatório dos valores esperados de todos os riscos:

$$\text{Valor esperado dos riscos do projeto} = \sum \text{valores esperados de todos os riscos}$$

Neste momento, para podermos fazer a análise, precisamos de mais um valor: o valor base.

Valor base é o último valor que temos antes de iniciarmos o processo de gerenciamento de riscos. Já calculamos todo o projeto, já temos o escopo, o cronograma e o custo ou resultado projetado; portanto, já temos o valor base. Este seria, por exemplo, o valor da proposta a ser apresentada ao cliente, antes de fazermos o gerenciamento de riscos (lembre-se do momento em que devemos iniciar o gerenciamento de riscos, abordado no capítulo 1) ou, ainda, o custo total de um projeto a ser desenvolvido internamente na organização.

O valor esperado do projeto será o valor base acrescido do somatório dos valores esperados dos riscos do projeto:

Valor esperado do projeto = valor base + Σ valores esperados dos riscos

Estes dois valores são fundamentais, porém não suficientes. Precisamos de mais dois valores:

- pior caso: consideramos que todos os riscos de ameaça poderiam se materializar pelo total e que nenhum risco de oportunidade se materializaria: valor esperado do pior caso = valor base + Σ impacto dos riscos de ameaça;
- melhor caso: consideramos que todos os riscos de oportunidade poderiam se materializar pelo total e que nenhum risco de ameaça se materializaria: valor esperado do melhor caso = valor base + Σ impacto dos riscos de oportunidade.

Exemplificando, imaginemos um projeto de valor base de R$ 300 mil que tenha cinco riscos, sendo quatro de ameaça e um de oportunidade, como apresentado na tabela 3.

Com base nos dados apresentados na tabela 3, teremos os seguintes valores esperados, calculados conforme a figura 13.

Agora a nossa análise do projeto tem um nível de precisão que nunca teve antes! Sabemos que o nosso preço original para a proposta é de R$ 300 mil (valor base); sabemos que, ao aplicarmos o valor esperado dos riscos, nosso valor esperado do projeto vai para R$ 342.750; sabemos que, na pior das hipóteses, se tudo de ruim acontecer, teremos, no pior caso, R$ 592.500, e, no melhor caso, se tudo de bom acontecer, R$ 187.500.

Tabela 3

QUANTIFICAÇÃO DOS RISCOS

Nº	Data identif.	Categoria	Evento de ameaça (descrição do risco)	Probabilidade (%)	Impacto (*input*)	Valor esperado
1	15-12-2005	Escopo	Informações incompletas e/ou incorretas sobre a representatividade das localidades cobertas podem impactar a definição do escopo do trabalho, resultando em cobertura abaixo do exigido pela legislação.	10	112.500	11.250
2	15-12-2005	RH	Seleção incorreta da equipe de projeto pode acarretar falta de experiência neste tipo de projeto, resultando em qualidade do serviço abaixo do esperado pelo cliente.	30	80.000	27.000
3	15-12-2005	Cliente	Se os representantes do cliente não estiverem disponíveis para atender a equipe do projeto, o cronograma do proejto pode ser afetado, resultando em insatisfação do cliente quanto ao cumprimento dos prazos estabelecidos.	20	45.000	9.000
4	15-12-2005	Orçamento	Se o cliente se recusar a pagar *over rum*, mesmo que seja causado por ele próprio, podemos ter impacto na rentabilidade do projeto.	40	45.000	18.000
Valor esperado do projeto						65.250

Nº	Data identif.	Categoria	Evento de oportunidades (descrição do risco)	Probabilidade (%)	Impacto (*input*)	Valor esperado
1	15-12-2005	Qualidade	Cumprimento da metodologia e a qualidade do trabalho podem acarretar na identificação de riscos associados ao negócio do cliente, resultando em novas oportunidades de oferecimento de serviços ao cliente.	20	112.500	22.500
Valor esperado do projeto						22.500

Figura 13

VALORES ESPERADOS DO PROJETO

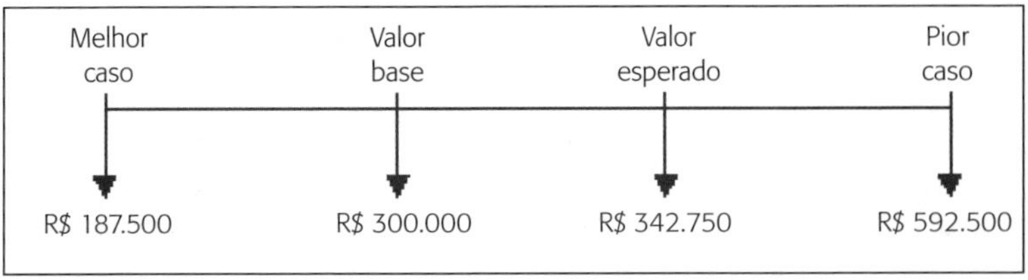

Lembre-se de que, se não fizéssemos o gerenciamento dos riscos do projeto, teríamos apenas o valor base original. Agora nosso processo decisório fica muito mais apurado, pois sabemos o tamanho das incertezas que podem impactar o valor do projeto. É esperado que este seja de R$ 342.750, ou seja, 14,25% acima do valor base. O pior caso pode aumentar o valor base em 97,5%, e o melhor caso pode reduzi-lo em 37,5%.

Com variações desta monta começa a ficar claro para nós por que o *Extreme Chaos Report*, emitido pelo Standish Group (2001) aponta que, em média, os projetos estouram o orçamento em 188% e o prazo em 222% (?!). Quanto destes números absolutamente inaceitáveis são decorrentes não análise dos riscos de um projeto? Raciocinamos de forma cartesiana, sob situações ideais; não pensamos nas incertezas e seus possíveis impactos, e aceitamos 188% de média de estouro de orçamento e 222% no prazo? Isto só significa uma coisa: não tivemos controle efetivo sobre o projeto!

De posse dos quatro valores apresentados na figura 13, agora podemos tomar a decisão de negócio sobre o projeto, considerando nossa característica pessoal ou cultura organizacional e como nos relacionamos com situações de incerteza:

- se não gostamos de correr riscos sob hipótese alguma e não admitimos discutir os riscos com o cliente, o nosso preço para o projeto deve ser próximo ao pior caso;

- se não gostamos de correr riscos, acreditamos em nossas estimativas e, ainda assim, não admitimos discutir os riscos com o cliente, nosso preço para o projeto deve ser próximo ao valor esperado;
- se não queremos assumir o papel de uma seguradora e não vamos assumir os riscos do projeto, o nosso preço para o projeto deve ser próximo ao valor base. Neste caso, ainda devemos informar ao cliente a relação dos riscos e o consequente tamanho da exposição dele, o que pode significar aumento esperado nos custos da ordem de R$ 42.750, podendo chegar, no pior caso, a R$ 292.500. Isto visa garantir que o projeto não será suspenso por falta de verbas (já viram isto acontecer?).

E ainda ganhamos uma vantagem de negociação comercial, pois o risco positivo pode ser utilizado como um diferencial no processo de negociação com o cliente.

Estas alternativas de decisão comprovam que o gerenciamento de riscos não é determinístico. Pessoas diferentes tomarão decisões diferentes com base nos mesmos números. O gerenciamento dos riscos não toma as decisões por nós. Ele apenas nos dá um conjunto de informações que melhoram substancialmente nosso processo decisório. A decisão é e sempre será gerencial, e quanto melhores informações, melhor potencialmente será a decisão.

Toda esta análise feita com relação aos valores esperados foi feita considerando-se que o valor base é o preço de uma proposta para um cliente ou a estrutura de custos e despesas de um projeto interno de uma organização onde somos cobrados por custo. As ameaças aumentarão o custo do projeto e, consequentemente, o preço final para o cliente; as oportunidades reduzirão o custo e, por conseguinte, reduzirão o preço final. Podemos chamar esta situação foco de análise de custo, conforme a figura 14.

Figura 14
Foco de análise de custo

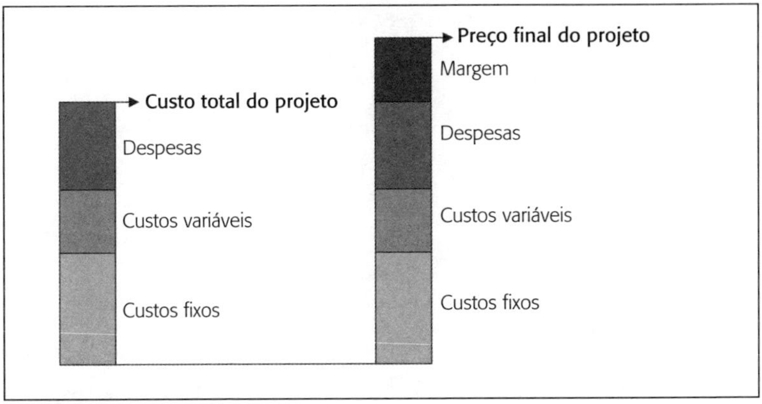

Mesmo quando o caso é de uma proposta com preço fechado para um cliente e, consequentemente, contempla também o lucro ou margem do fornecedor, ainda assim o foco de análise é o custo. Isto porque a análise considera o ponto de vista de quem paga, ou seja, o cliente, e, nesse caso, a margem ou lucro do fornecedor é custo para o cliente.

No entanto, existirão projetos nos quais a análise é feita considerando não apenas o custo, mas sim o resultado financeiro a ser atingido como, por exemplo, um plano de negócio ou um projeto de concessão. Nessa hipótese nossa análise muda, pois os sinais dos riscos inverterão: as ameaças irão reduzir o resultado do projeto e as oportunidades o aumentarão, conforme figura 15. Podemos chamar esta situação de foco de análise de resultado.

Figura 15

FOCO DE ANÁLISE DE RESULTADO

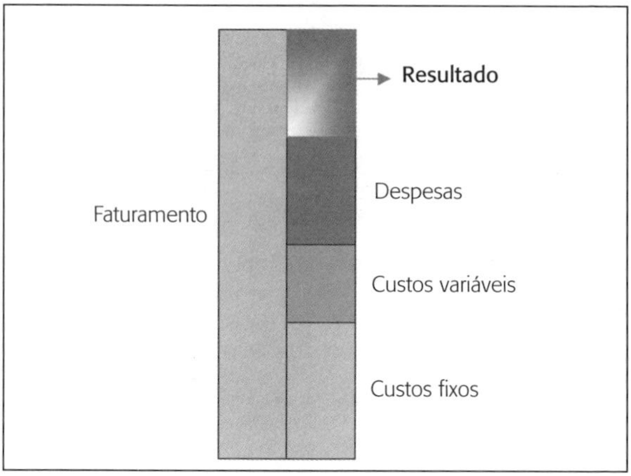

A decisão sobre qual foco de análise adotar deve ser tomada olhando-se para o valor base e identificando-se o que ele contempla, sem perder de vista as características do projeto em questão.

O foco de análise com base no resultado deve ser considerado quando estamos fazendo um plano de negócios ou quando o projeto é nosso e estamos com o valor base contemplando o montante do resultado ou lucro, como pode ser visto na figura 16. Apenas nesse caso.

A decisão de qual será o foco de análise tem que ser tomada antes de calcularmos os valores esperados do projeto. Isto porque como a decisão vai impactar os sinais dos riscos e o valor base sempre é conhecido ao iniciarmos o gerenciamento dos riscos, os valores ficam completamente diferentes conforme o foco que se adote.

No mesmo exemplo apresentado na tabela 3 e figura 13, se o foco de análise fosse resultado (ou seja, se o valor base contemplasse o lucro ou resultado financeiro final do projeto), os valores esperados seriam os explicitados na figura 16.

Figura 16

VALORES ESPERADOS DO PROJETO: FOCO RESULTADO

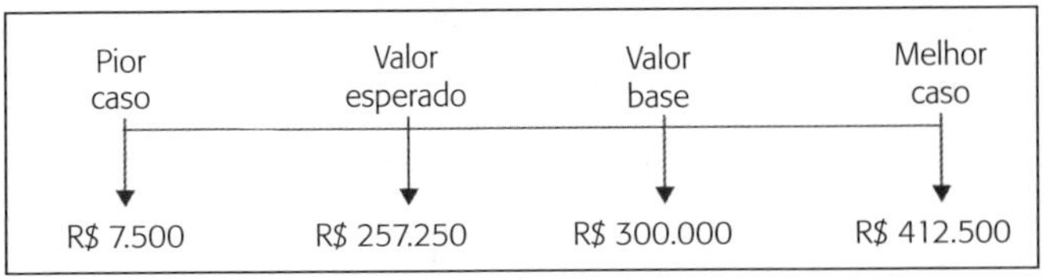

Note que, no caso do exemplo com foco de análise de custos, o pior caso é o de maior valor (maior custo), e o melhor caso é o de menor valor (menor custo). Porém, quando o foco de análise é resultado, o pior caso é o menor valor (menor resultado), e o melhor caso é o maior valor (maior resultado). O valor esperado do projeto poderá flutuar entre os casos extremos (pior e melhor), podendo ficar, em ambos os focos de análise, abaixo ou acima do valor base, dependendo exclusivamente de haver mais riscos de ameaça do que de oportunidade ou vice-versa.

Analisamos as características da qualificação e da quantificação, mas nos fica a questão de qual das duas abordagens (ou três, se considerarmos o uso concomitante da qualificação e da quantificação) é mais vantajosa para determinado projeto.

Vantagens e desvantagens entre as duas abordagens: qualificação e quantificação

Apresentamos neste capítulo as abordagens de qualificação e de quantificação, usadas em conjunto ou separadamente, visando determinar o peso ou tamanho de cada um dos riscos e, consequentemente, do projeto. Ao olharmos para o mercado e para o gerenciamento de projetos, veremos que hoje em dia é muito mais comum o uso da qualificação do que da quantificação. É frequente as organizações que estão ainda com baixo nível de maturidade em gerenciamento de riscos usarem apenas a qualificação. É mais fácil e oferece resultados muito melhores do que sempre tivemos com relação ao gerenciamento de riscos, ou seja: nada!

Todas as duas metodologias são válidas e agregam alto valor ao processo de análise dos riscos. No entanto, ao compararmos os resultados obtidos em um projeto usando-se a qualificação ou a quantificação, podemos concluir que o nível de informação que obtemos ao usar a quantificação nos permite tomar melhores decisões do que quando usamos apenas a qualificação.

Além disso, lembremos do sucesso dos setores da economia — financeiro e segurador —, que são essencialmente gerenciadores de riscos e usam apenas a quantificação, e não a qualificação, pois, para estes setores, o processo de qualificação não dá as informações necessárias à tomada de decisão de negócio.

No setor financeiro, os derivativos são os mais sofisticados instrumentos e, para muitos, incompreensíveis. Segundo Bernstein (1997:305),

> Em 1994, a revista *Time* afirma em seu artigo de capa: este sistema fantástico de apostas laterais não se baseia em intuições humanas ultrapassadas, mas em cálculos concebidos e monitorados por feras da computação usando fórmulas matemáticas obscuras, desenvolvidas pelos denominados *quants*, abreviação dos analistas quantitativos.

Isto começa a sinalizar que devemos tentar usar a quantificação, o que aumentará substancialmente nossa capacidade gerencial por meio da geração de melhores informações sobre as incertezas de um projeto.

A única justificativa plausível para decidirmos utilizar somente a qualificação é nos sentirmos inseguros em estabelecer os números para probabilidade e impacto dos riscos. Porém, lembre-se do "efeito Tostines", pois se não começarmos a quantificar, jamais geraremos históricos, e sem históricos não teremos informações para substanciar decisões seguras.

Uma vez que já qualificamos e quantificamos os riscos do projeto, temos uma extensa lista de riscos para o projeto e, considerando que não teremos recursos nem tempo para controlar e gerenciar todos os riscos do projeto, é necessário fazer uma priorização deles.

Priorização de riscos

A priorização nos permite concentrar nossos esforços nos riscos de maior peso para o projeto, ou melhor, naqueles com maior potencial de lhe causar danos.

Desse modo, a equipe do projeto deve identificar, por meio da priorização, quais os riscos mais prementes e mais danosos, que necessitariam ser tratados imediatamente e para os quais deveriam ser desenvolvidas estratégias de reação, bem como quais os riscos que não serão tratados por absoluta falta de recursos. Isto se deve ao fato de precisarmos focar (ou dedicar maiores esforços) os riscos que representem a maior parte dos impactos.

A priorização dos riscos pode ser feita de duas maneiras:

- por meio da ferramenta de análise comparativa dos riscos, descrita adiante;
- por meio da resultante do risco na qualificação ou do valor esperado/impacto.

Estas duas formas não são excludentes, podendo ser usadas em conjunto.

Priorização por análise comparativa dos riscos

Na priorização por análise comparativa dos riscos a premissa é que compararemos a descrição textual dos riscos, dois a dois, identificando, entre os comparados, qual o mais importante.

Devemos desenvolver este trabalho em equipe, quando distribuiremos os formulários de avaliação dos riscos para os participantes. Cada um fará a sua avaliação comparando os riscos pelo texto e, na célula de interseção, colocará o número do risco que achar mais importante, repetindo este procedimento para todos os riscos do projeto. Depois disso, procederemos a uma consolidação das opiniões individuais, gerando um formulário único, conforme figura 17. Nela, o número de ocorrências onde cada risco foi selecionado como sendo o mais importante nas comparações dois a dois (coluna "#") gera a priorização dos riscos (coluna "prioridade").

Neste exemplo o risco considerado mais importante no processo de avaliação dois a dois foi o de número 5, que apresentou seis ocorrências, seguido dos riscos 1 e 7, com quatro ocorrências cada.

Lembramos que, se tivermos um projeto com muitos riscos (digamos, na ordem de centena, o que não é incomum), esta priorização por análise comparativa será totalmente inviável em função do elevadíssimo número de interações de comparação dos riscos dois a dois — matematicamente esta metodologia significa combinação de N (número de riscos), duas a duas interações.

Alternativamente, podemos fazer a priorização dos riscos por resultante, valor esperado ou impacto.

Figura 17

FORMULÁRIO DE PRIORIZAÇÃO POR CLASSIFICAÇÃO COMPARATIVA DE RISCOS

Riscos - ameaças						
1	Risco 1	1				
2	Risco 2	1	2			
3	Risco 3	1	2	3		
4	Risco 4	1	4	4	4	
5	Risco 5	5	5	5	5	5

Priorização por valor esperado/impacto

Este método considera apenas a resultante do risco (caso tenhamos utilizado o processo de qualificação) ou o valor esperado e/ou o impacto (caso tenhamos utilizado o processo de quantificação). Aqui devemos, simplesmente, classificar os riscos pela variável escolhida, em ordem descendente, fazendo com que o risco mais importante seja o de maior resultante ou valor esperado/impacto.

A análise gerencial é de extrema importância neste momento, pois não podemos considerar a classificação como definitiva. Tomemos como exemplo o risco de uma seguradora em um seguro residencial. A probabilidade de ocorrência de um terremoto no Rio de Janeiro é baixíssima. No entanto, caso ocorra, o impacto será extremamente alto para a seguradora. O valor esperado resultante (probabilidade × impacto) pode não ser tão alto, em função da baixíssima probabilidade; no entanto, a seguradora, em função do impacto altíssimo, decide que não cobrirá este tipo de risco. Para se eximir dele, a seguradora coloca uma cláusula no contrato de seguro excluindo textualmente tal cobertura.

Embora a equipe do projeto possa decidir não tratar alguns riscos identificados cujo impacto global tenha sido considerado moderado ou baixo, estes riscos devem ser monitorados e rastreados durante a execução do projeto, uma vez que a probabilidade e o impacto de sua ocorrência podem mudar conforme o andamento do projeto. O que foi considerado um risco de baixa prioridade inicialmente, pode se tornar, repentinamente, um risco de alta severidade.

Neste capítulo discutimos o processo de análise, de forma a conseguir determinar um peso para cada risco. Abordamos os métodos de qualificação e de quantificação, seus processos, vantagens e desvantagens de cada método. Ao final, vimos a importância de estabelecermos uma prioridade, de modo a facilitar o gerenciamento dos riscos ao longo do desenvolvimento do projeto.

Ainda dentro do processo de análise dos riscos existem ferramentas e técnicas complementares, que podem ajudar: árvore de decisão e simulação de Monte Carlo, que abordaremos no próximo capítulo.

3

Ferramentas auxiliares e respostas aos riscos

A análise quantitativa normalmente envolve processos que exigem o uso de técnicas mais sofisticadas e, frequentemente, requerem complexos programas de computador. Recomenda-se que organizações iniciantes no gerenciamento de riscos comecem devagar, até que consigam desenvolver conhecimentos e experiência suficientes para aproveitar melhor os seus benefícios, sob pena de se perderem em um emaranhado de conhecimentos estatísticos que não sejam pleno domínio do gerente de projetos.

De modo geral, as ferramentas mais utilizadas no apoio à análise quantitativa de riscos, e que analisaremos a seguir, envolvem:

- árvores de decisão;
- simulação de Monte Carlo.

Em seguida faremos o planejamento de respostas aos riscos do projeto, que visa à elaboração de um plano de ações voltadas ao aproveitamento das oportunidades, bem como à redução das ameaças aos objetivos do projeto.

Árvores de decisão

Árvore de decisão é um método gráfico de expressão, em ordem cronológica, das alternativas de ação disponíveis para um gerente de projetos, que necessita fundamentar a escolha de uma delas. Este método baseia-se em critérios de potencialização dos efeitos (resultados) que estão, invariavelmente, sujeitos a incertezas. Como o nome indica, a árvore de decisão deve ser usada em situações nas quais temos decisões alternativas.

Nessas situações espera-se estimar, com relativa precisão, as probabilidades de ocorrência dos eventos sujeitos a incertezas e o peso, probabilidade ou valor esperado de cada possível alternativa considerada. Ao gerente de projetos caberá escolher aquela alternativa que demonstrar melhor resultado entre todas.

Basicamente, o processo de construção e análise de árvores de decisão se fundamenta nos seguintes passos:

- definição do problema;
- identificação das alternativas a serem consideradas;
- identificação dos eventos futuros decorrentes das alternativas escolhidas;
- representação, em tabelas ou gráficos, das alternativas e suas ramificações;
- estimativa das probabilidades de ocorrência para cada evento futuro identificado;
- determinação dos valores finais das alternativas;
- tomada de decisão.

Para efeito de ilustração considere um exemplo no qual, durante o planejamento dos recursos, o gerente de projetos e a sua equipe estão diante de uma escolha do tipo fazer ou comprar (*make or buy*),[1] na qual a decisão de preparação das

[1] Ver Xavier et al., 2006.

máquinas (*setup*) para fabricar, internamente, um componente de um novo produto tem um custo bastante elevado em relação à importação desse mesmo componente da China. Acontece que o custo variável desse componente, caso fosse manufaturado internamente, uma vez tendo sido realizado o *setup* das máquinas, seria bem menor que o preço de compra do componente importado.

Sendo assim, vejamos, a seguir, as etapas que devem ser cumpridas por esse gerente de projetos.

1. Definição do problema — a decisão em questão é a de adotar uma alternativa de maior retorno econômico para o provimento de recursos para o projeto do novo produto.
2. Identificação das alternativas a serem consideradas — produzir internamente o componente ou passar a importá-lo da China.
3. Identificação dos eventos futuros decorrentes das alternativas escolhidas — a demanda pelo novo produto poderia ser alta, média ou baixa, o que impactaria o retorno econômico do projeto (lucro líquido), que foi calculado como explicitado na tabela 4.

Tabela 4

TABELA DE DECISÃO: ALTERNATIVAS ENTRE PRODUZIR E IMPORTAR

Decisão	Lucro líquido ($)		
	Demanda alta	Demanda média	Demanda baixa
Produzir	53	32	11
Importar	45	30	15

4. Representação, em tabelas ou gráficos, das alternativas e suas ramificações — a escolha (*make or buy*) feita pelo gerente de projetos e os valores envolvidos na análise estão fundamentados pela árvore de decisão (figura 18).

Figura 18

EXEMPLO DE ÁRVORE DE DECISÃO INICIAL

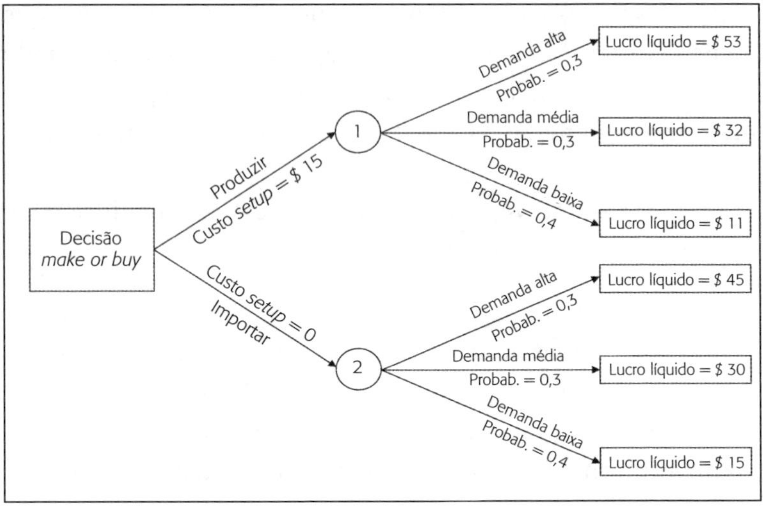

5. Estimativa das probabilidades de ocorrência para cada evento futuro identificado — as probabilidades para cada alternativa de demanda foram estimadas como:
   - probabilidade de o produto ter demanda alta = 0,3 (30%);
   - probabilidade de o produto ter demanda média = 0,3 (30%);
   - probabilidade de o produto ter demanda baixa = 0,4 (40%).
6. Determinação do valor esperado e tomada de decisão — o valor esperado (VME) é obtido como o somatório da ponderação dos resultados em cada alternativa considerada multiplicado pela respectiva probabilidade de ocorrência. Em outras palavras, o valor monetário esperado de uma determinada alternativa de decisão é o produto do valor final esperado da situação pela sua probabilidade de ocorrência.

Desse modo, a equipe do projeto pode determinar quais caminhos oferecem um resultado monetário mais atraente ou menor exposição frente aos riscos observados.

$$VME = \sum_{j=1}^{n} (resultado_j)\ (probabilidade_j)$$

No exemplo mencionado acima, o VME de cada alternativa pode ser calculado como:

$$VME_{PRODUZIR} = (\$53)\ (0{,}3) + (\$32)\ (0{,}3) + (\$11)\ (0{,}4) = \$29{,}9$$
$$VME_{IMPORTAR} = (\$45)\ (0{,}3) + (\$30)\ (0{,}3) + (\$15)\ (0{,}4) = \$28{,}5$$

Os cálculos apresentados nos levam, inicialmente, a considerar que a alternativa de produzir internamente, dadas as estimativas de demanda, traria maior retorno econômico ao projeto do novo produto do que a alternativa de importar.

Porém, teríamos ainda que levar em consideração o custo do *setup* da produção, o que modificaria a decisão. Ao se aplicar o custo de *setup* da expectativa de resultado, que só existe na alternativa de produzir localmente, a decisão muda. Vejamos a figura 19.

$$VME_{PRODUZIR} = (\$\ 53)\ (0{,}3) + (\$\ 32)\ (0{,}3) + (\$\ 11)\ (0{,}4) = \$\ 29{,}9 - \$\ 15 - \$14{,}9$$
$$VME_{IMPORTAR} = (\$\ 45)\ (0{,}3) + (\$\ 30)\ (0{,}3) + (\$\ 15)\ (0{,}4) = \$2\ 8{,}5 - \$\ 0 = \$\ 28{,}5$$

Esta ferramenta de decisão é importante para o trabalho do gerente de projetos, pois o auxilia no processo de tomada de decisões quando temos decisões alternativas, fato frequente no gerenciamento de riscos em projetos. É bastante comum termos alternativas de respostas a riscos, e a árvore de decisão nos auxiliará sobremaneira neste ponto.

Figura 19

EXEMPLO DE ÁRVORE DE DECISÃO CONCLUÍDA

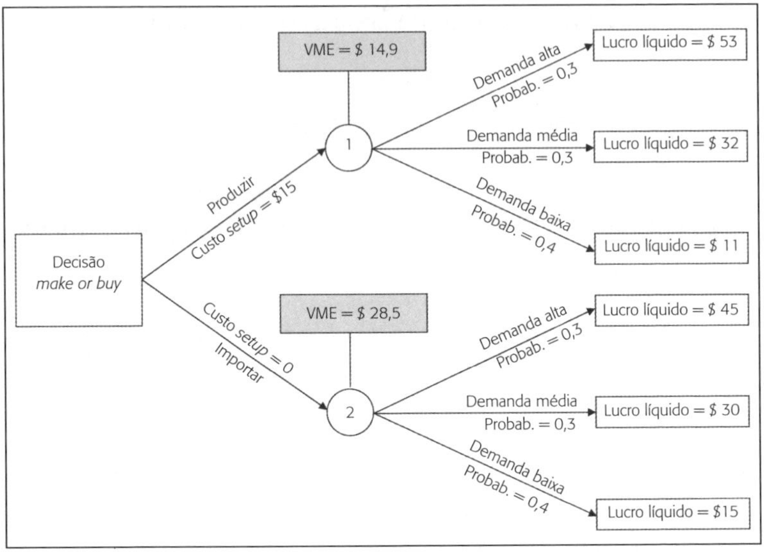

Simulação de Monte Carlo

A simulação de Monte Carlo consiste em programas de computador que fazem análises estatísticas, "executando" seu projeto várias vezes, de forma a lhe dar uma distribuição probabilística dos possíveis resultados selecionados. Usualmente somos determinísticos no planejamento de qualquer coisa. Por exemplo, quando desenvolvemos um cronograma geramos uma única estimativa de duração para cada atividade, mas sabemos que isto não é necessariamente um fato. Para sermos mais precisos, é necessário aplicar uma distribuição probabilística para esta estimativa de duração, determinando não apenas a duração mais provável, mas também uma duração mínima e uma duração máxima para cada atividade.

Modelos de simulação são usados na análise de decisões que se caracterizam por condições de riscos, nas quais o comportamento de um ou mais fatores são dados como incertos.

No contexto de projetos, os modelos de simulação prestam-se, normalmente, à avaliação mais precisa de análise de custos e prazos de entrega que se encontram sob condições de incerteza na execução do projeto. Por meio da modelagem matemática e da execução de uma técnica de simulação, o gerente e a sua equipe poderão, em pouco tempo, fundamentar melhor as condições que norteiam os seus projetos e tomar decisões mais adequadas.

Entretanto, é importante ressaltar que os simuladores de Monte Carlo não foram desenvolvidos exclusivamente para projetos. Eles podem simular qualquer modelo matemático, bastando para isto a definição das variáveis (o que pode mudar) e o que se deseja ver em função das mudanças nas variáveis. Simuladores de Monte Carlo são, também, utilizados fora do contexto de projetos.

Para entendermos melhor, vamos analisar um exemplo. Suponha o caso de uma empresa que esteja elaborando uma proposta de projeto em resposta a um edital de serviços, cujas cláusulas contratuais estabelecem multas significativas por dia de atraso. O gerente de projetos planejou os custos, bem como identificou os riscos que estariam presentes na execução do projeto. A questão que ele tem em mão trata da introdução (ou não) de reservas de contingências de custos, associadas aos riscos prioritários identificados e, em caso positivo, da quantificação do valor dessas reservas de modo a balancear as condições de minimização de prejuízos e manutenção da competitividade da proposta. O que fazer? Que tal tentar as técnicas de simulação em busca dessa resposta?

O método de Monte Carlo proporciona a estimativa das probabilidades da obtenção de resultados específicos de projetos geralmente em prazos e custos decorrentes da execução simulada (por meio de modelos) do projeto e de distribuições de probabilidades. Em muitas situações, pela incapacidade técnica ou pelo desconhecimento do uso desse método, as equipes de projeto tendem a assumir as piores condições para se avaliar os resultados de um projeto, acrescentando, de modo sistemático, contingências às durações de atividades e aos custos orçados, decorrentes da identificação e análise dos riscos (que tal colocarmos 10% de reserva sobre o custo ou cronograma, para fazer frente às incertezas e, se acontecer alguma coisa, a gente vê como é que fica?). Essa prática conservadora, ainda que simples e barata, pode onerar a capacidade competitiva da proposta do projeto e pode implicar sua desautorização ou cancelamento.

O método de Monte Carlo, entretanto, permite que se aborde o contexto de resultados de uma forma mais integrada e abrangente, por meio do uso de distribuições de probabilidades nas estimativas do projeto. O processo ocorre de uma forma iterativa, de acordo com a seguinte sequência de análise:

- modelagem da condição de risco do projeto e definição das variáveis dependentes e independentes do modelo estatístico;
- definição das distribuições de probabilidade que melhor se ajustem às variáveis independentes do modelo proposto;
- uso de simuladores computacionais para a geração de grande quantidade de números aleatórios relacionados às variáveis independentes do modelo (o que pode variar) e variáveis dependentes (o que muda em função da oscilação das variáveis independentes);
- avaliação das probabilidades associadas aos resultados do modelo (variáveis dependentes do modelo) e tomada de decisão.

Para efeito de ilustração considere o exemplo mencionado a seguir e o dilema do gerente de projetos acerca da questão dos custos e das multas. Imagine que o diagrama de rede do projeto esteja ilustrado na figura 20, o que implica que o projeto tem seis atividades e está sendo planejado para terminar em 22 dias.

Figura 20
Cronograma para simulação de Monte Carlo

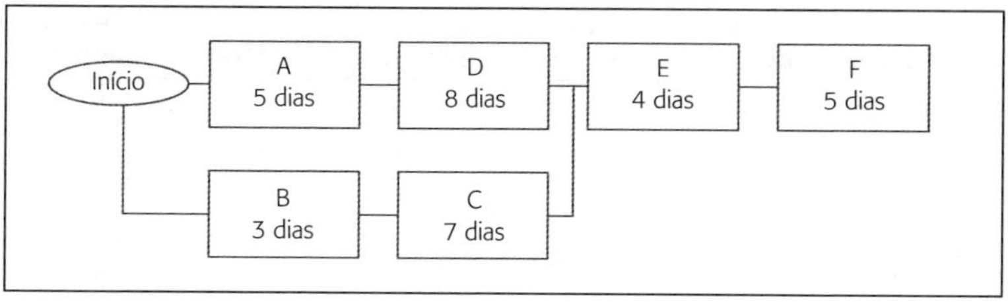

Vamos agora detalhar a sequência de passos da análise na simulação de Monte Carlo.

1. Modelagem da condição de risco do projeto e definição das variáveis dependentes e independentes do modelo estatístico.

Imagine que as estimativas de durações das seis atividades estejam sujeitas a incertezas e que, em decorrência disso, o gerente de projetos tenha desenvolvido três estimativas baseadas em cenários, que foram caracterizados como cenários otimista, realista e pessimista. Ele escolheu, então, o modelo de distribuição beta de probabilidades, segundo o qual a média e o desvio-padrão das estimativas são calculadas como:

$$\text{Média} = \frac{[\text{Otimista} + 4\ (\text{Realista}) + \text{Pessimista}]}{6}$$

$$\text{Desvio padrão} = \frac{(\text{Pessimista} - \text{Otimista})}{6}$$

Os valores calculados de média e desvio-padrão com as fórmulas anteriores refletem as estimativas de durações apresentadas na tabela 5. O gerente de projetos reconhece que as maiores incertezas que ele identificou recaem sobre a atividade D, que é a de maior duração média e alto desvio-padrão.

Tabela 5
DISTRIBUIÇÃO PROBABILÍSTICA DAS ATIVIDADES PLANEJADAS

Atividades	Duração otimista	Duração realista	Duração pessimista	Média	Desvio padrão
A	4	5	9	5,5	0,8
B	2	3	4	3,0	0,3
C	2	7	8	6,3	1,0
D	4	8	9	7,5	0,8
E	2	4	8	4,3	1,0
F	4	5	12	6,0	1,3

2. Definição das distribuições de probabilidade que melhor se ajustam às variáveis independentes do modelo proposto:

Essa premissa da utilização de um modelo probabilístico para cada atividade do projeto aponta que as durações de cada atividade podem variar segundo modelos individuais de probabilidade. No caso em estudo, simplificamos a situação definindo que o tempo de duração de cada atividade segue um modelo beta de probabilidade, como ilustrado nas figuras 21 e 22.

Ou seja, se o tempo de duração de cada atividade caracteriza-se por um comportamento probabilístico, como definir então o tempo total de duração do projeto? A conclusão até aqui é que o gerente não consegue definir, com certeza, quanto tempo o projeto vai realmente durar. Serão 22 dias ou mais? Ou menos? E o problema das multas contratuais? Isso lhe está tirando o sono.

Figura 21

Distribuição beta de probabilidades

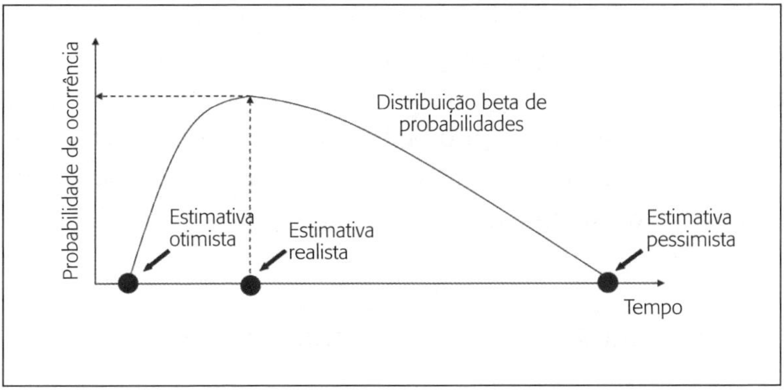

Figura 22

Cronograma para simulação de Monte Carlo

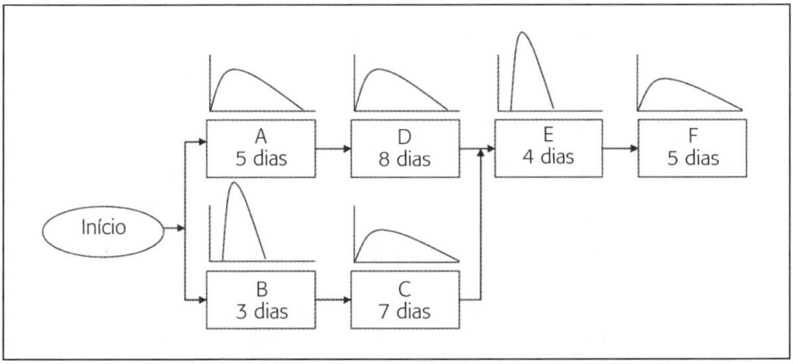

3. Uso de um simulação computacional, para "executar" o projeto várias vezes, por meio da geração de números aleatórios, relacionando as variáveis independentes do modelo e a projeção das variáveis dependentes.

Sendo assim, o gerente de projetos faz uso de simuladores de números aleatórios que, de acordo com a distribuição de probabilidades beta definida e com os parâmetros calculados (média e desvio padrão) segundo a tabela 6, passam a simular repetidamente, por várias vezes (digamos, mil interações), o modelo de execução do projeto e calculam a duração total resultante de cada uma das interações efetuadas.

O uso de simuladores computacionais, atualmente, tem sido bastante facilitado pela simplicidade de programação e condições de acesso que muitos softwares de mercado oferecem.

A tabela 6 ilustra parte do resultado das simulações efetuadas sobre o exemplo que vem sendo seguido.

Tabela 6

SIMULAÇÃO DA DURAÇÃO DAS ATIVIDADES PLANEJADAS

Simulação	A	B	C	D	E	F
1	5,3	3,0	5,3	6,7	3,6	5,0
2	4,5	2,7	6,2	6,8	4,2	5,8
3	5,7	3,1	8,5	7,6	5,4	6,3
4	6,5	3,7	6,7	7,7	5,0	5,2
5	6,5	2,7	6,3	6,7	6,2	4,4
6	6,9	3	5,9	6,8	4,5	6,3
7	3,8	3,4	6,9	6,8	2,7	6
8	5,3	2,7	6,2	7,6	4,4	7,4
9	6,4	3,0	6,6	6,6	4,1	6,2
...	...	...	...	...	...	...
996	5,7	2,5	6,5	6,8	4,7	5,2
997	5,3	3,7	6,9	8,1	3,7	5,2
998	5,9	2,6	6,8	6,8	4,4	2,6
999	6,0	2,7	5,4	8,0	4,2	6,2
1.000	5,8	3,2	6,4	6,5	2,8	3,6

Considerando que o diagrama de rede do projeto apresenta dois caminhos possíveis (A, D, E, F e B, C), deveríamos calcular as durações de ambos os caminhos por meio da soma das durações simuladas de suas atividades componentes e optar pelo caminho de maior duração, para efeito do cálculo da duração total do projeto.

A tabela 7 apresenta parte dos resultados das mil durações simuladas do projeto.

Tabela 7

DURAÇÃO SIMULADA DOS CAMINHOS DO CRONOGRAMA

ADEF	BC	Duração do projeto
20,5	8,2	20,5
21,2	8,9	21,2
24,9	11,6	24,9
24,4	10,4	24,4
23,7	8,9	23,7
24,5	8,9	24,5
19,2	10,3	19,2
24,7	8,9	24,7
23,4	9,6	23,4
...	...	...
22,4	9,0	22,4
22,2	10,6	22,2
19,7	9,4	19,7
24,3	8,2	24,3
18,8	9,6	18,8

4. Avaliação das probabilidades associadas aos resultados do modelo (variáveis dependentes do modelo) e tomada de decisão.

Uma vez ordenadas as mil durações simuladas do projeto e associadas à sua ordem percentual (distribuição de probabilidades acumulada), estas permitiram a projeção do gráfico (figura 23).

Figura 23

ANÁLISE ESTATÍSTICA DA SIMULAÇÃO DE MONTE CARLO

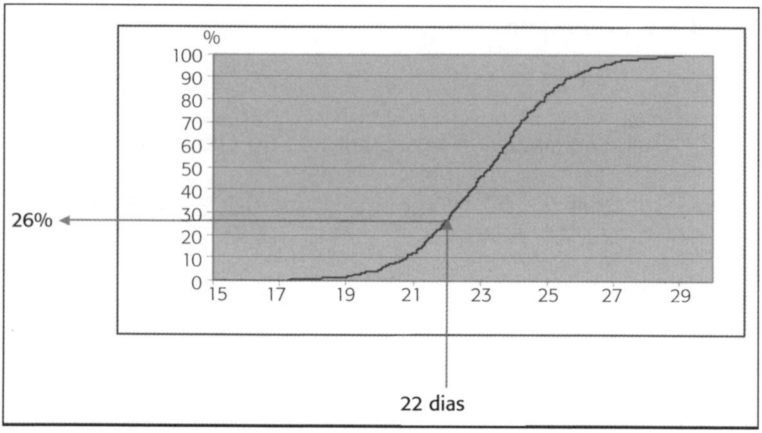

O gráfico aponta para as informações de que o projeto:

- tem apenas 26% de chance de terminar na data prevista de 22 dias;
- 90% de certeza nos apontam para 26 dias de prazo;
- se quisermos ter quase 100% certeza de que alcançaremos o prazo compromissado, devemos definir a duração do projeto em 29 dias;
- isso colocará o gerente do projeto e a sua equipe em estado de alerta para a possibilidade de multas por atraso, que, pelas condições aqui demonstradas, são muito prováveis. Portanto, é recomendável que se faça ou uma renegociação de prazos ou a introdução de valores de contingência nos custos previstos formadores do preço de venda do projeto.

Por outro lado, a simples inclusão de contingências de custos e/ou prazos devido ao comportamento probabilístico dos tempos de duração individual das atividades do projeto implica a redução imediata de seu grau de competitividade. Um projeto planejado para durar mais tempo e custar mais caro, é óbvio, terá menos probabilidade de ser aprovado. Aqui reside a beleza e a força da análise de Monte Carlo, ou seja, os riscos deverão ser analisados e assumidos conjuntamente entre a equipe e os patrocinadores do projeto.

Em suma, a simulação de Monte Carlo permitirá ao gerente do projeto, sua equipe e seus patrocinadores, abordar de modo mais efetivo e formal a condição de riscos e impactos do projeto e a probabilidade estimada do alcance dos resultados esperados.

Uma vez que temos os riscos identificados, descritos com causa e efeito, categorizados, com seu peso de probabilidade e impacto determinados, e priorizados, cabe-nos agora, por meio do planejamento de respostas aos riscos, decidir o que fazer com eles.

O planejamento de respostas

O planejamento de respostas aos riscos é um processo que visa à elaboração de um plano de ações voltadas para o aproveitamento das oportunidades, bem como para a redução das ameaças aos objetivos do projeto.

Procura-se, com estas ações de resposta aos riscos do projeto, reduzir ou minimizar os possíveis impactos ou probabilidade de um risco negativo, e, por outro lado, agir de maneira oposta no caso do risco positivo, isto é, tentado maximizar seus resultados.

Existem inúmeros fatores que podem afetar ou influenciar o planejamento das respostas aos riscos do projeto. Isto pode ocorrer caso algum processo anterior não tenha sido efetivamente benfeito. Adicionalmente, a falta de informação sobre os impactos e sobre as probabilidades de ocorrência dos riscos pode gerar opções de respostas incoerentes ou sem consistência. Muitas empresas, ao analisarem os riscos de projeto, desprezam este processo de avaliação ou mesmo avaliam de forma equivocada, sem exatidão. Atualmente, informações publicadas na mídia, em geral sobre fracassos em projetos, têm levado especialistas em riscos a elaborar avaliações mais detalhadas, tanto durante a fase de planejamento do projeto quanto na fase de execução e controle.

Neste sentido, casos brasileiros amplamente divulgados como, por exemplo, o foguete que explodiu na base de Alcântara, no Maranhão, ou, ainda, o furacão Katrina, que arrasou a cidade de Nova Orleans, nos Estados Unidos, fazem parte de um conjunto de preocupações atuais típicas dos gerentes de projetos e de especialistas em avaliação de riscos. Nesses casos ficou claro que a não identificação e a falta de análise precisa de incertezas geraram a exposição aos riscos, que, quando ocorreram, produziram enormes prejuízos e mortes e, no caso da base de Alcântara, a suspensão de suas operações.

A questão que fica para nós é: se tivesse sido efetuado o gerenciamento dos riscos, não teriam sido gerados mecanismos de proteção ou minimização dos possíveis impactos?

O gerente de projeto, nesse processo, não pode ser negligente e aceitar passivamente os riscos, ou estará perdendo o controle sobre o projeto.

Para viabilizar as reações aos riscos, é necessário que se entenda como funciona o processo.

O processo de reação

A decisão da reação deve ser iniciada analisando-se o texto do risco e seu valor esperado (exposição, no caso de riscos de ameaça ou alavancagem, em caso de riscos de oportunidade).

A seguir, deve-se imaginar que tipo de reação seria possível para lidar com este risco. Podem existir alternativas e devemos analisar e escolher a melhor (podemos, nesse caso, usar a árvore de decisão para nos ajudar a definir qual a melhor reação). Reações podem ter custo e deverão, obrigatoriamente, alterar a probabilidade (se atacarmos a causa raiz do risco) ou o impacto (se atacarmos o efeito), gerando um novo valor esperado para aquele risco.

Esta reação e seu custo devem ser coerentes com relação ao que provocam em termos de alteração na probabilidade ou no impacto e, consequentemente, no novo valor esperado pós-reação, comparado com o valor esperado original do risco (antes da reação).

Usando o mesmo exemplo apresentado no capítulo 2, na decisão sobre fazermos ou não o seguro (seguro é uma reação) contra roubo do nosso carro devemos analisar o valor esperado original (R$ 1 mil), com relação ao custo da reação (R$ 3 mil) e ao que esta reação provoca em termos de mudança na probabilidade ou no impacto. A reação (seguro) não altera a probabilidade de roubo, que continua em 10%, porém altera o impacto para zero, gerando um novo valor esperado de zero. É razoável ou aceitável pagar R$ 3 mil para reduzir um valor esperado de R$ 1 mil para zero? Algumas pessoas decidirão que sim, e farão o seguro; outras decidirão que não, e deverão buscar outra reação para este risco, com outra estrutura de custo, que as satisfaça. A tabela 8 demonstra as variáveis desta análise.

As reações aos riscos têm que ser coerentes, como visto anteriormente.

Tabela 8

ANÁLISE DE REAÇÕES AOS RISCOS

Ameaças					Prevenção					Novo		
Nº	Data	Categoria	Evento (descrição do risco)	Valor esperado	Reação	Estratégia	Custo da reação	Resp.	Data	Probabilidade (%)	Impacto (input)	Valor esperado
1	15-6-09	Sinistro	Possibilidade de roubo do carro, gerando prejuízo financeiro	$ 1.000	Seguro	Transferir	$ 3.000	Nome	Imediata	10	$ 0	$ 0
				$ 1.000			$ 3.000					$ 0

Na operação de um grande banco brasileiro, foi identificado um risco negativo de impacto total de R$ 50 mil, o que provoca reações emocionais no corpo gerencial desta empresa. O corpo gerencial se reúne para discutir o que fazer frente a esta "inaceitável situação" (?!) e discute seriamente uma reação de custo igual a R$ 1 milhão para reduzir o valor esperado do risco, após a reação, para R$ 5 mil. Esta reação não é coerente (em função de seu custo) com o que provoca em termos de benefício nem com relação ao tamanho da exposição e, portanto, não serve. Neste caso, é melhor deixar o problema acontecer várias vezes do que reagir. Você, leitor, faria o seguro anual do seu carro (reação) por um custo, digamos, duas vezes maior do que o valor total do carro? Certamente não! No entanto, a percepção do que significa a expressão "valores coerentes" é pessoal, e pessoas ou organizações diferentes tomarão decisões diferentes, com base nos mesmos números.

A reação que adotamos para enfrentar um risco pode ocorrer em dois diferentes momentos, como veremos a seguir.

O momento da reação: prevenção ou contingência?

Ao analisarmos os riscos, podemos decidir por reações imediatas ou posteriores, no momento em que o risco ocorrer, como demonstrado na figura 24. É mandatória a identificação do momento da reação ao risco, pois isto provocará condições diferentes para o desenvolvimento do projeto.

As reações adotadas antes da ocorrência dos riscos, no momento do planejamento, chamamos de reações de prevenção ou de contenção, no caso de ameaças, ou reações de alavancagem, no caso de oportunidades. No planejamento estas reações acontecem antes da decisão final sobre o projeto, alterando potencialmente as principais variáveis de impacto, tais como escopo, qualidade, tempo ou as condições financeiras. Isto se deve a que estas reações significam custos imediatos e/ou negociação com o contratante, alterando as condições de desenvolvimento e de análise de viabilidade do projeto, pois vão reduzir exposições ou alavancar resultados nos valores totais do projeto, antes da decisão final de *go/no-go* do projeto.

Figura 24

O MOMENTO DA REAÇÃO AOS RISCOS

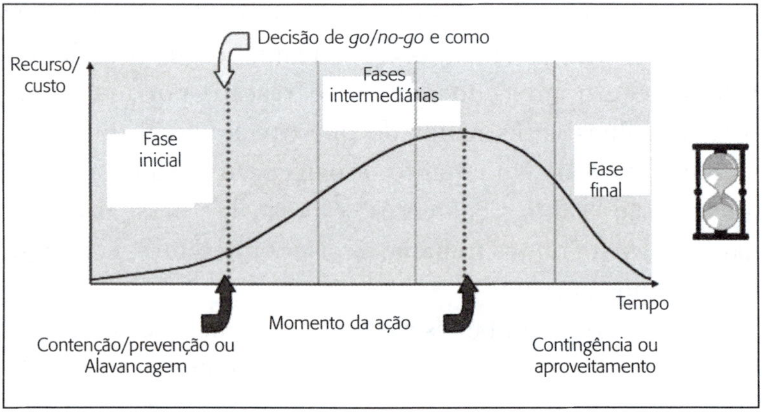

Um exemplo claro para nós, de reação de prevenção ou contenção, é o seguro que fazemos para o nosso carro. O preço total de posse de um carro normalmente é calculado como sendo o preço do carro mais o preço do seguro, e toda esta despesa é feita no início do "projeto carro".

As reações de prevenção/contenção ou alavancagem são, na realidade, reações, a serem adotadas antes de o risco acontecer. Apesar de focarmos nessas ações no momento do planejamento, nada impede que, durante o desenvolvimento do projeto, tenhamos novas ações de prevenção/contenção ou alavancagem, desde que antes de os riscos correspondentes se materializarem.

Além das reações em tempo de prevenção/contenção, podemos também ter reações de contingência (no caso de ameaças) ou aproveitamento (no caso de oportunidades). Estas são ações planejadas agora, mas que serão efetuadas no momento em que o risco ocorrer, e que significarão custos futuros que precisam ser planejados em reservas financeiras.

Estes dois momentos de reações podem ser complementares, o que poderá provocar dois tipos de reação para um mesmo risco, sendo uma ou mais reações de prevenção/contenção e uma ou mais reações de contingência, ou, ainda, poderemos ter riscos em relação aos quais não temos o que fazer agora (prevenção/contenção), mas que podemos contingenciar no futuro.

Todos os grandes bancos brasileiros possuem seus centros de computação duplicados ou, no mínimo, contratam serviço de site de *backup*, uma operação terceirizada de centro de computação, como "reserva". Isto se deve à análise do risco de sua operação bancária ficar "fora do ar". Como o impacto para este risco é extremamente elevado, pois interrompe a operação em todas as suas agências e filiais, o banco opta por reagir imediatamente a este risco potencial, criando mecanismos de disponibilização, por meio da duplicação, de seu centro computacional. Esta reação é bastante cara e é realizada antes de o risco ocorrer, isto é, trata-se uma reação de prevenção, e seu custo é imediato. Mas isso não é suficiente. Adicionalmente os bancos devem ter seus planos de contingência, que vêm a ser o manual ou guia de ações que devem ser efetuadas quando o risco ocorrer e, nesse caso, vão significar custos futuros como, por exemplo, os procedimentos para mudar a operação de um centro de computação para o outro, no momento em que o risco ocorrer.

Se não entendermos a diferença entre estes dois momentos de reações aos riscos, não conseguiremos definir custos imediatos que influenciarão o valor do projeto agora, nem custos futuros que direcionarão possíveis reservas financeiras a serem feitas.

Após selecionarmos a reação devemos entender o que ela provoca na probabilidade ou no impacto do risco. Descreveremos, a seguir, o que chamamos de estratégias de reação aos riscos.

Estratégias de reação aos riscos

Segundo o *Guia PMBOK®* (2008), existem varias estratégias possíveis de resposta aos riscos do projeto, como ilustra o quadro 3.

Quadro 3
TIPOS DE ESTRATÉGIA DE RESPOSTA AOS RISCOS

Estratégia para riscos negativos	Estratégia para riscos positivos
❑ Evitar	❑ Provocar
❑ Transferir	❑ Compartilhar
❑ Mitigar	❑ Melhorar
❑ Aceitar (passiva ou ativamente)	❑ Ignorar

Quatro estratégias estão associadas a ameaças ou riscos que, se ocorrerem, podem ter impactos negativos nos objetivos do projeto.

Riscos de ameaças

Evitar

A estratégia de evitar riscos envolve mudanças no plano de gerenciamento do projeto para eliminar a ameaça apresentada por um risco adverso, visando isolar os objetivos do projeto dos possíveis impactos. Muitas das ações podem estar relacionadas diretamente com o gerenciamento de projetos como, por exemplo, extensão do cronograma, redução do escopo, esclarecimento dos requisitos, obtenção de informações, melhoria da comunicação ou aquisição de especialistas.

Mas prevenir riscos pode estar relacionado com novas formas de abordar, tecnicamente, a solução proposta pelo projeto. Nesses casos, uma reformulação gerencial deve ser considerada. De qualquer forma, a estratégia de prevenir o risco tem como alvo modificar o plano do projeto para eliminar a causa raiz do risco em questão, desse modo protegendo do impacto os objetivos do projeto (*PMBOK*®, 2008). A equipe do projeto, obviamente, jamais poderá eliminar todos os riscos, porém, para alguns casos nos quais há riscos específicos classificados como sendo de alta criticidade ou de alto valor esperado, esta estratégia deve ser considerada.

O uso exagerado desta estratégia, contudo, pode levar o projeto como um todo para uma posição conservadora, em que se evita utilizar novas tecnologias, novos fornecedores etc.

Evitar, na prática, significa tomar ações para levar a probabilidade do risco a zero, atuando-se obrigatoriamente na causa raiz do risco.

Esta estratégia aplica-se apenas em tempo de contenção/prevenção, pois, como atua na probabilidade, em tempo de contingência não é possível.

Transferir

A transferência de riscos corresponde à mudança, para terceiros, da responsabilidade — e da propriedade da resposta — sobre um impacto negativo de uma ameaça. Ela confere à outra parte a responsabilidade pelo gerenciamento dos riscos, embora este fato não os elimine. A transferência da responsabilidade pelo risco é mais eficaz quando relacionada à exposição a riscos financeiros. A transferência de riscos pode envolver o pagamento de um prêmio à parte que os assume, como no caso de um seguro. As ferramentas de transferência podem ser bem diferentes e incluem, entre outras, cláusulas contratuais, garantias, seguros, limites de responsabilidade etc.

Os contratos podem ser usados para transferir responsabilidades por riscos especificados para uma outra parte. A inclusão de cláusulas contratuais ou limites de responsabilidade em um contrato ou proposta pode especificar qual das partes ficará com determinado risco.

Na prática, a transferência de um risco não o elimina; apenas discute quem ficará com o ônus do risco. A probabilidade de o risco ocorrer continua existindo e seu impacto potencial também, só que com outro responsável.

Esta estratégia também só se aplica em tempo de contenção/prevenção, pois não é possível transferir algo que já ocorreu.

Mitigar

A mitigação de riscos em projetos visa à redução da probabilidade ou do impacto de um evento de risco adverso até um limite em que o valor esperado resultante seja aceitável. Em geral, a mitigação no início do projeto (prevenção) é certamente mais eficaz do que a tentativa de reparar os danos após a ocorrência do risco (contingência). Quando adotados, processos menos complexos, como, por exemplo, a realização de testes ou a escolha de um fornecedor mais estável, constituem alguns tipos de ação eficaz de mitigação.

Quando não for possível reduzir a probabilidade, o gerente de projetos e sua equipe podem adotar a redução do impacto do risco concentrando-se no efeito deste. Por exemplo, o projeto de redundância em um subsistema pode reduzir o impacto de uma falha do componente original.

Alguns exemplos de mitigação dos riscos, independentemente se de prevenção ou de contingência, são apresentados no quadro 4.

Quadro 4
EXEMPLOS DE AÇÕES DE MITIGAÇÃO

Reduzir a probabilidade	Reduzir o impacto
❑ Implantação de testes intermediários de desempenho ❑ Alocação de mais recursos ❑ Ampliação do prazo ❑ Desenvolvimento de protótipo	❑ Adoção de estrutura de redundância no produto ❑ Implantação de dispositivos de segurança

Esta estratégia pode ser aplicada tanto em tempo de contenção/prevenção quanto em tempo de contingência. No entanto, em tempo de contenção/prevenção é possível mexer na probabilidade ou no impacto, mas, em tempo de contingência é possível mexer apenas no impacto (o risco já aconteceu; então a probabilidade já está em 100%).

Aceitar

Os riscos nos quais a probabilidade de ocorrência é baixa, bem como é baixo seu impacto nos objetivos do projeto, ou os riscos nos quais não há o que fazer, o gerente de projetos e sua equipe podem, simplesmente, aceitar. Nesses casos os objetivos do projeto estão, de certa forma, desprotegidos, mas, caso os riscos ocorram, estes podem ser contingenciados.

Em alguns casos, o gerente de projetos pode tomar a decisão de aceitar apenas no âmbito da gestão interna do projeto, mas em outros esta decisão deve ser levada aos clientes e patrocinadores. Certamente esta estratégia é mais arriscada!

A aceitação do risco pode ser de dois tipos: passiva ou ativa. A passiva não exige nenhuma providência; deixa a equipe do projeto lidar com o risco quando ele ocorre, de forma reativa. A aceitação ativa não inclui ação de prevenção, mas nela existe um plano de contingência para ser executado no caso de o risco ocorrer. Nesse caso também só agimos *a posteriori*.

Na prática, a aceitação do risco, seja ativa ou passiva, não mexe na probabilidade nem no impacto do risco agora (tempo de contenção/prevenção), nem significa custos imediatos.

A moderna visão do gerenciamento de riscos em projetos também envolve a determinação de estratégias para aproveitamento de oportunidades de eventos incertos em relação aos objetivos do projeto, que podem ser definidas por meio de quatro respostas: provocar, compartilhar, melhorar ou ignorar, com o objetivo de alavancar seus resultados. Vejamos estas respostas a seguir.

Riscos de oportunidades

Provocar

Esta estratégia pode ser selecionada para riscos com impactos positivos e nos pontos em que a organização deseja garantir que a oportunidade seja concretizada; tenta eliminar a incerteza associada a um risco positivo específico, fazendo com que a oportunidade definitivamente aconteça.

Na prática, provocar significa mexer apenas na probabilidade do risco, gerando a causa raiz deste, transformando a incerteza em fato e levando-a a 100%.

A exemplo da estratégia de evitar, esta existe tão somente em tempo de alavancagem.

Compartilhar

O compartilhamento de um risco positivo envolve a atribuição da propriedade a terceiros que possam capturar melhor a oportunidade em benefício do projeto. Os exemplos de ações compartilhadas incluem a formação de parcerias, equipes, empresas de propósito específico ou *joint ventures* para compartilhamento de riscos, que podem ser estabelecidas com o objetivo expresso de gerenciar oportunidades. Neste tipo de estratégia é possível fazer com que as organizações do projeto estabeleçam alianças, de tal forma que suas atuações individuais resultem em oportunidades mais eficazes.

A exemplo da estratégia de transferir, esta também só existe em tempo de alavancagem.

Melhorar

Esta estratégia visa alterar o "tamanho" de uma oportunidade por meio do aumento da probabilidade e/ou dos impactos positivos e pela identificação e maximização dos principais acionadores desses riscos de impacto positivo. Procurar facilitar ou fortalecer a causa da oportunidade e direcionar e reforçar de forma proativa suas condições de acionamento podem aumentar sua probabilidade. Os acionadores de impacto também podem ser direcionados, tentando aumentar a suscetibilidade do projeto à oportunidade.

Esta estratégia pode ser aplicada tanto em tempo de alavancagem como em tempo de aproveitamento. No entanto, em tempo de alavancagem é possível mexer tanto na probabilidade quanto no impacto; já em tempo de aproveitamento é possível mexer apenas no impacto (como o risco já aconteceu, a probabilidade já está em 100%).

Ignorar

No caso de riscos de oportunidades, ignorar funciona exatamente da mesma forma do explicitado anteriormente para a estratégia de aceitar, na seção "Riscos de ameaças".

Os riscos nos quais a probabilidade de ocorrência é baixa, bem como é baixo seu impacto nos objetivos do projeto, ou os riscos nos quais não há o que fazer, o gerente de projetos e sua equipe podem, simplesmente, ignorar no âmbito da gestão interna, da mesma forma que nos riscos de ameaças. Ou seja, nada a fazer.

O plano de resposta

O plano de resposta ao risco corresponde ao seu registro, elaborado de forma detalhada, incorporando, para cada risco, as seguintes informações: a descrição completa do risco, sua categoria, a data de identificação, a probabilidade e o impacto — que geram, consequentemente, o valor esperado do risco, a estratégia de resposta selecionada e suas respectivas ação e custos —, quem será o responsável pelo acompanhamento/ação, a data planejada da reação ao risco, o nível de risco residual esperado (caso exista, é o novo valor esperado). Isto se aplica tanto no caso de reações de prevenção/contenção quanto no de reações de contingência, conforme exemplificado na tabela 9.

Neste exemplo da tabela 9, o responsável (nome) está fazendo uma reação de prevenção/contenção (imediata), que é o seguro contra roubo, gastando R$ 3 mil, para reduzir o valor esperado do risco de R$ 1 mil para zero. O mesmo responsável planeja a reação de contingência, dizendo o que será feito no momento da ocorrência do risco, e orça um custo (R$ 100) para esta reação. Este valor de contingência formará uma reserva, como veremos a seguir.

Tabela 9

REAÇÕES AOS RISCOS

Ameaças					Prevenção					Novo		
Nº	Data identif.		Categoria do evento (descrição do risco)	Valor esperado	Reação	Estratégia	Custo da reação	Resp.	Data	Probabilidade (%)	Impacto (*input*)	Valor esperado
1	15-12-09	Sinistro	Possibilidade de roubo do carro, gerando prejuízo financeiro	$ 5.000	Seguro	Transferir	$ 6.000	Nome	Imediato	10 %	$ 0	$ 0
				$ 5.000			$ 6.000					$ 0

Contingência reação	Custo da reação	Resp.	Data
Ir à delegacia preencher o Boletim de Ocorrência e comunicar à seguradora	$ 100	Nome	
	$ 100		

Quem vai ficar com os riscos do projeto?

As reações aos riscos vão impactar substancialmente as condições de desenvolvimento do projeto. Todo o trabalho de planejar, identificar os riscos, qualificá-los, quantificá-los e priorizá-los visa, exclusivamente, criar as condições para que possamos tomar melhores decisões sobre o que fazer com as incertezas do projeto, e este é o momento!

Agora vamos decidir o que deve ser feito com cada risco e, principalmente, quem deverá arcar com os possíveis custos e responsabilidade relativos a eles. As alternativas são:

- que riscos serão de responsabilidade e de custo do fornecedor do projeto;
- que riscos serão de responsabilidade e de custo do contratante ou cliente do projeto;
- que riscos serão transferidos para terceiros.

As ações tomadas antes de assinarmos com o cliente (prevenção/contenção) significaram custos imediatos ou negociação com o contratante, e isto altera substancialmente os valores do projeto. Mais custo significa maior preço ou menor resultado no projeto, o que influencia diretamente a decisão de *go/no-go* do projeto.

Além disso, pensamos em reações de contingência, que projetam custos e geram uma necessidade de caixa futura para fazer frente às ações minimizadoras de riscos no futuro, no momento da ocorrência.

Neste momento precisamos responder às perguntas a seguir:

- O valor esperado pós-reação (risco residual, ou seja, o que sobra de risco após a reação), será adicionado ao preço do projeto, ou vamos passá-lo através de transferências para o contratante?

- O custo das reações deve ir para o custo do projeto? Do ponto de vista do gerenciamento de riscos a resposta a esta pergunta deve ser sempre SIM. Não é razoável o contratado assumir custos de reações de riscos de negócio que, teoricamente, são do dono do projeto.
- As reservas financeiras a serem feitas serão de responsabilidade do caixa de quem? Do contratado ou do contratante?

Pela primeira vez estamos nos preocupando com a relação comercial e a forma como esta é afetada pelo gerenciamento de riscos do projeto. Os tipos existentes de contratos[2] variam de um extremo, com preço totalmente fixo, ao outro extremo, com preço totalmente variável.

Quanto mais para preço fixo for o contrato, mais o risco será tipicamente do contratado. Quanto mais para preço variável for o contrato, mais o risco passará, culturalmente, para o contratante. Isto aponta que, se temos um projeto onde o valor esperado pós-reação é muito elevado e o contratante exige um contrato de preço fixo, devemos nos livrar ao máximo dos riscos, passar este valor esperado para o cliente ou embuti-lo totalmente no preço. Se o contrato for de preço variável, o risco, naturalmente, já vai para a mão do contratante.

O uso de um contrato de preço variável com base no custo (conhecido no mercado como modalidade "tempo & material" [*time & material*]) ou contrato por administração (*cost-plus*), transfere o custo dos riscos para o contratante, enquanto um contrato de preço fixo tipicamente transfere todo o risco para o contratado.

Agora, que decidimos quem vai gerar os riscos — a equipe ou o cliente —, precisamos definir quem serão os responsáveis pelo seu acompanhamento durante a execução do projeto. Temos

[2] Xavier et al., 2006.

a relação de todos os riscos analisados com seus respectivos planos de ação. Anteriormente tínhamos categorizado os riscos, como visto no capítulo 2. Se considerarmos que temos vários tipos de riscos (categorias), e que temos uma equipe com experiências e capacidades diversas, a categorização dos riscos nos auxiliará a designar corretamente o responsável por seu acompanhamento. Procuraremos alocar os riscos de uma determinada categoria ao recurso (profissional) que tenha o conhecimento e capacidade para entendê-los e monitorá-los. Esta é uma das razões para se efetuar a categorização dos riscos: facilitar o gerenciamento durante o desenvolvimento do projeto.

Neste momento podemos revisitar os paradigmas listados no capítulo 1, a fim de concluirmos quais continuam existindo e quais não continuam.

- A gerência de riscos toma muito tempo... Não tenho este tempo no planejamento!!!
  Desconstruído — o planejamento da gerência de riscos, em termos de carga de trabalho, não toma mais do que 2% ou 3% do tempo total de planejamento. Ou seja, o paradigma só é aceitável para pessoas que não conhecem o processo. Isto foi comprovado através de vários desenvolvimentos de planejamento de gerência de riscos em projetos nos quais, por exemplo, para oito meses de planejamento, a gerência de riscos foi feita em dois dias.
- Se eu fizer isto, vou aumentar o custo do projeto.... Não ganho mais um contrato!!!! Perco competitividade!!!
  Desconstruído — as reações aos riscos melhoram a exequibilidade do projeto e a eficácia dos compromissos assumidos, fazendo com que ganhemos competitividade! E, se por acaso, em um determinado projeto perdermos competitividade, será que não é um sinal para não aceitá-lo?
- O cliente não quer saber dos riscos... Eu tenho que assumir!!!!
  Este será desconstruído no capítulo 4.

- Isto é um trabalho de especialista.... Temos que designar um gerente de riscos do projeto.
  Desconstruído — como vimos anteriormente, a gerência de riscos é um trabalho de equipe. Precisamos, sim, dos especialistas, mas os mesmos que participaram do desenvolvimento do plano do projeto. E, no máximo, um especialista no processo de gerência de riscos, que possa atuar como um facilitador, não mais do que isto.
- Riscos de projetos são diferentes de riscos de negócio ou riscos operacionais...
  Desconstruído — riscos de projetos, riscos operacionais (de processos) ou riscos de negócio são todos iguais! Não há diferença alguma. Todos são incertezas futuras, têm causa raiz, efeito, probabilidade e impacto... e têm que ser gerenciados, como visto no capitulo 1!
- Não posso quantificar os riscos, pois não tenho histórico....
  Desconstruído — "efeito Tostines"? Vimos que, se não quantificarmos os riscos, não teremos como gerar os históricos, pois o que gera o histórico é o simples acompanhamento dos riscos que quantificamos!

A influência que os custos das reações podem ter no projeto, além da possibilidade de existirem riscos desconhecidos ou não identificados, aponta para a necessidade de termos que fazer reservas no projeto. Estas reservas (em tempo ou financeiras) devem ser feitas e enquadram-se basicamente em duas categorias (gerencial e de contingência), como veremos a seguir.

As reservas

Aqui necessitaremos quebrar mais alguns paradigmas. O conceito de reservas sofre grandes mudanças com a aplicação dos processos de gerenciamento de riscos.

Como visto, no delineamento das estratégias de respostas ao risco um dos conceitos bastante explorados no ambiente de projetos é o de reservas, o que, no senso comum, significa guardar uma reserva financeira (ou de prazo), que poderá ser usada no futuro, ou não.

As reservas podem ser de dois grandes tipos: reserva gerencial e reserva de contingência.

Por definição a reserva gerencial destina-se cobrir os riscos desconhecidos, incertezas não identificadas previamente, desconhecidas; aquilo que não sabemos que não sabemos (*unkown-unkown*). Esta é o antigo x% que colocávamos no projeto, ao final do planejamento. Naquele momento, como não estávamos fazendo a gerência de riscos, todos os riscos eram desconhecidos e, aí, culturalmente colocávamos os 10%. Aqui vale uma reflexão: se agora fazemos a gerência de riscos, identificamos, analisamos e respondemos aos riscos do projeto; se fazemos projetos cíclicos, repetitivos, de mesma natureza, e a grande maioria dos riscos está associada ao tipo que projeto que fazemos, a tendência é que os riscos desconhecidos (não identificados), conforme se ganha experiência em um determinado tipo de projeto, tendam a zero ou algo muito próximo disso. Tal fato elimina ou reduz a quase zero a reserva gerencial, pois, para os riscos identificados, já calculamos o valor esperado.

Quanto à reserva de contingência, vamos refletir sobre alguns conceitos:

- contingência, por definição, é o que faremos (ação) quando o risco acontecer;
- já calculamos o valor esperado de todos os riscos do projeto; portanto, a "reserva" financeira para cobrir o impacto dos riscos já está contemplada. Neste caso, se estamos fazendo a gerência de riscos, a reserva de contingência deverá con-

templar apenas a verba para podermos fazer frente ao custo projetado das ações planejadas de contingência.

Quando estamos falando de riscos, os tipos de reserva mais utilizados pelos gerentes de projetos são valores monetários ou prazo.

Aqui devemos decidir se vamos alocar reservas no cronograma (apenas para os riscos cujo impacto seja em cronograma) ou se vamos calcular e considerar o valor esperado dos riscos que afetam o cronograma. Não podemos fazer os dois, senão estaremos reservando duas vezes a mesma coisa!

Quando fazemos o cronograma, podemos incluir reservas de prazo, o que quer dizer: incorporar tempo adicional ao projeto. Estas são também chamadas, segundo o *Guia PMBOK®* (2008), reservas de tempo ou *buffers* no cronograma total do projeto como reconhecimento do risco do cronograma. O gerente, junto com sua equipe, deverá, a partir da análise de risco, considerar um percentual da duração total da atividade/projeto para efeito de contingências. Neste sentido, pode ser um percentual da estimativa de duração da atividade ou um número fixo de períodos de trabalho.

A contingência de prazo pode ser calculada multiplicando-se a probabilidade de ocorrência de um evento de risco pelo tempo adicional, caso o risco ocorra. Desta forma, se um evento com 40% de probabilidade de ocorrência gerar impacto em torno de 20 dias de duração num determinado evento ou conjunto de atividades, será prudente fazer uma reserva de oito dias (ou seja 40% × 20 dias = 8 dias).

Se decidirmos, em tempo de planejamento, incluir reservas de tempo no cronograma, como explicitado anteriormente, e acrescentarmos o custo correspondente ao valor base do projeto, isto deverá deixar de ser tratado como uma reserva, pois passará a ser custo efetivo do projeto (novo cronograma, gerando novo custo). Este valor poderá até não ser utilizado, mas não é uma reserva em sua essência — reserva significa algo que é, inclusive, contabilizado e controlado à parte.

A reserva para contingências pode ser usada total ou parcialmente ou pode ser reduzida ou eliminada posteriormente, conforme informações mais precisas sobre o projeto se tornam disponíveis. Muitos projetos, com o aparecimento de uma nova tecnologia, por exemplo, ou mesmo com um novo processo de realizar uma determinada tarefa, poderão ter seu tempo de execução reduzido. Neste sentido, as reservas podem ser eliminadas ou reduzidas, o que, certamente, dará mais fôlego ao projeto.

As reservas de contingência também podem ser relacionadas aos custos de um projeto, situação em que, normalmente, são chamadas de provisões para contingências.

As reservas de contingências são custos estimados que devem ser provisionados, entre outros motivos, visando criar as condições para que atividades futuras incertas (reações para os riscos, planejadas para o momento em que eles ocorrerem) possam ser executadas. Estes casos são eventos que, por alguma razão (aqui entram as incertezas), precisam ter seus gastos provisionados. A utilização das reservas pelo gerente deverá ocorrer no momento em que ele achar adequado para o bom andamento das contas do projeto.

Em termos práticos, a gerência das reservas financeiras do projeto pode se dar por meio da agregação das reservas de várias atividades relacionadas numa única tarefa/atividade do cronograma, com duração nula. Na medida em que as atividades do cronograma estão gerando consumo, a reserva deverá ser, concomitantemente, gerenciada de acordo com as necessidades do projeto. Em muitos casos o fato de essa administração ser realizada próxima das atividades do projeto, de forma mais exata, faz com que as reservas sejam utilizadas de forma mais otimizada.

Alternativamente podem-se agrupar as res
atividade *buffer* e, considerando-se o método da ca
posicioná-la no final do caminho de um conjunto de a
do projeto. Da mesma forma que ocorre nas atividades
va com duração nula, estas atividades de *buffer* também d
ser administradas estreitamente conforme o projeto vai sendo desenvolvido. Espera-se, como resultado, que as variações de custos do conjunto de atividades do projeto relacionadas com aquelas que contêm as reservas sejam mais exatas.

Caso os riscos não ocorram, tanto as reservas de prazo quanto as de custos podem ser, evidentemente, liberadas. No caso das reservas de custos, isto pode significar diminuição do volume financeiro necessário para o projeto.

No Brasil esta prática ainda é incipiente e nota-se que é mais comum em setores nos quais o gerenciamento de projetos está presente há mais tempo, como, por exemplo, na engenharia da construção pesada.

Neste capítulo vimos as ferramentas de apoio ao processo de análise dos riscos (árvore de decisão e simulação de Monte Carlo), bem como o processo de respostas aos riscos do projeto. Neste momento já tomamos a decisão sobre o projeto, já decidimos se vamos em frente ou não, e sob que condições. No próximo capítulo veremos como controlar os riscos ao longo do desenvolvimento do projeto.

[3] Ver Barcaui et al. (2006).

4

O controle dos riscos e o diferencial competitivo

Neste momento, já decidimos sobre a validade do projeto e sua execução. Iniciamos seu desenvolvimento e, agora, temos que acompanhar como está se comportando aquilo que planejamos com relação aos riscos, ou seja, temos que controlar. Controle, no contexto de gerenciamento de risco, significa verificar se um determinado risco planejado ocorreu ou não e, caso tenha ocorrido, um sinal deve ser dado aos *stakeholders* no intuito de alertá-los. Este processo deve ser feito por membros da equipe designados para o acompanhamento de cada categoria de riscos, como visto no capítulo 3.

O gerenciamento dos riscos do projeto vai aumentar substancialmente suas chances de sucesso. Portanto, podemos considerar que a metodologia para tanto utilizada pode se tornar um diferencial competitivo para os projetos e, consequentemente, para os negócios. Será que isto é verdade? Neste capítulo discutiremos esta afirmativa, de forma a tentar validá-la.

O processo de controle dos riscos

Quando um risco se materializa, o responsável por seu acompanhamento dá o alerta e o faz imediatamente: é preciso responder aos eventos de risco durante a execução do projeto.

Durante esse processo de acompanhamento fica a dúvida sobre quando devemos fazê-lo: todo dia? Semanalmente? Mensalmente? Se não definirmos corretamente um sistema gerencial de acompanhamento, ficaremos sujeitos a só fazermos revisões sobre os riscos quando tivermos tempo livre, ou seja, nunca.

Sistema gerencial dos riscos significa como vamos acompanhá-los: com que periodicidade, quem estará envolvido, quais os momentos em que devemos parar para fazer uma revisão nos riscos sob nossa responsabilidade. Os principais momentos nos quais existe a necessidade de uma revisão nos riscos, são:

- sempre que houver qualquer mudança no projeto;
- sempre que um evento de risco realmente acontecer;
- sempre que o projeto atingir um ponto de decisão ou *milestone*.

Nem mesmo a análise mais detalhada e abrangente pode, no entanto, identificar corretamente todos os riscos e, portanto, são necessários o controle e a iteração. Neste aspecto, algumas recomendações ao gerente de projetos são:

- controle de perto o progresso do projeto;
- execute em tempo hábil as reações aos riscos quando ocorrerem ameaças ou oportunidades;
- avalie extensivamente a eficácia das reações aos riscos;
- reaja com ações adicionais, se necessário;
- faça um acompanhamento contínuo.

Em termos práticos, é por meio do controle que o gerente de projetos se assegura do andamento do projeto em relação aos possíveis impactos dos eventos incertos que, se ocorrerem, podem comprometer seus resultados.

Segundo o *Guia PMBOK®* (2008), monitoramento e controle de riscos tratam do processo de acompanhamento das possíveis ocorrências dos riscos anteriormente identificados, dos riscos residuais ou mesmo dos novos riscos. Por meio do controle, o plano de resposta aos riscos é monitorado.

Os benefícios de um controle eficiente de riscos no gerenciamento são:

- as ações de resposta ao risco podem ser implementadas conforme um planejamento prévio;
- os *stakeholders* têm informação sobre o que está acontecendo no projeto;
- a exposição ao risco fica mais evidente, mesmo que de forma mais intensa;
- ficam explícitas as necessidades de realimentação do processo de gerenciamento;
- há envolvimento da equipe de projeto no gerenciamento dos eventos que, teoricamente, poderiam estar ao largo de suas atribuições;
- o orçamento e os fundos de reservas (de contingência e gerencial) são gerenciados, evitando-se gastos desnecessários;
- como controlamos melhor o orçamento e as reservas, isto potencialmente preserva a margem de seu projeto.

O processo de controle de risco invariavelmente envolve a necessidade de organização de sessões de revisão no âmbito do projeto, que se materializam em reuniões previamente agendadas com esse fim específico. Nessas reuniões, o gerente e sua equipe devem estar preparados para tratar dos elementos essenciais ao gerenciamento dos riscos, dispondo de documentos como os planos de gerenciamento e de resposta, além das análises expressas nos relatórios de desempenho do projeto.

Através da análise dos dados do projeto é possível entender o estado atual de seus riscos. Assim, por exemplo, ao examinar um terreno contaminado, o gerente e sua equipe poderão detectar que o nível de concentração de uma determinada substância tóxica atingiu índices que comprometem a situação de uma população próxima. Neste sentido, é possível fazer com que seja executado o plano de resposta ao risco. A título de exemplo, uma das medidas pode ser a evacuação imediata da área. A execução das ações previstas no plano de resposta ao risco deve dar ao projeto condições de continuar sua própria execução.

As metodologias de gerenciamento de risco mais conhecidas se dedicam, em boa parte, a mostrar a importância do controle; no entanto, este é um dos processos menos difundidos entre os gerentes de projeto. Neste aspecto é importante a comunicação com os *stakeholders*. Assim, todos os dados do plano de gerenciamento de riscos e todas as reações a estes associadas devem ser comunicados aos diversos *stakeholders*, para que eles possam entender suas implicações (dos riscos e das reações), bem como estar cientes do estado e dos potenciais do risco. A equipe de projetos faz uso também da comunicação, visto que entende a importância das reações aos riscos e dos contornos que porventura tenham sido escolhidos.

A comunicação a todos os *stakeholders* é necessária para avaliar periodicamente a aceitabilidade do nível de risco do projeto sempre que ocorre alguma mudança significativa do limiar de exposição.

Um exemplo de ferramenta para efetivação do controle de risco em projetos, cuja comunicação fica fácil de ser efetivada, pode ser vista na figura 25.

Figura 25

Controle dos riscos

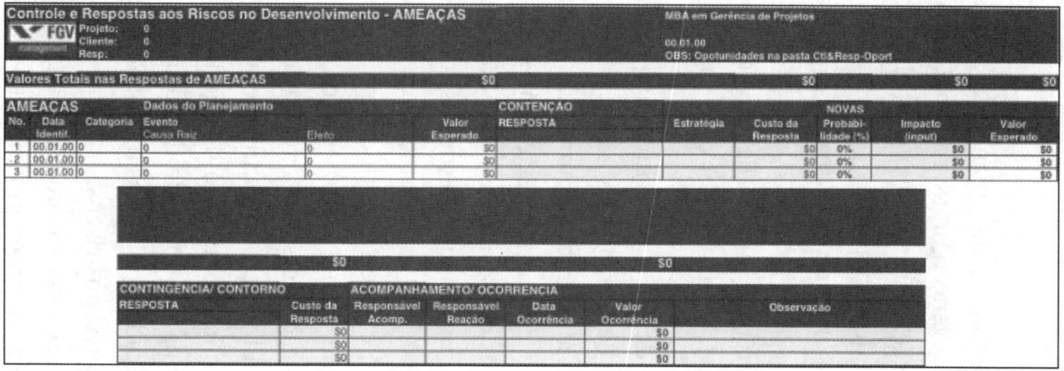
Controle e Respostas aos Riscos no Desenvolvimento - AMEAÇAS

MBA em Gerência de Projetos

Projeto: 0
Cliente: 0
Resp: 0

00.01.00
OBS: Opotunidades na pasta Ctl&Resp-Oport

Valores Totais nas Respostas de AMEAÇAS	$0	$0	$0	$0

AMEAÇAS			Dados do Planejamento			CONTENÇÃO			NOVAS		
No.	Data Identif.	Categoria	Evento Causa Raiz	Efeito	Valor Esperado	RESPOSTA	Estratégia	Custo da Resposta	Probabilidade (%)	Impacto (input)	Valor Esperado
1	00.01.00	0	0	0	$0			$0	0%	$0	$0
2	00.01.00	0	0	0	$0			$0	0%	$0	$0
3	00.01.00	0	0	0	$0			$0	0%	$0	$0

$0	$0

CONTINGÊNCIA/ CONTORNO		ACOMPANHAMENTO/ OCORRÊNCIA				
RESPOSTA	Custo da Resposta	Responsável Acomp.	Responsável Reação	Data Ocorrência	Valor Ocorrência	Observação
	$0				$0	
	$0				$0	
	$0				$0	

A figura mostra que, para cada risco identificado e avaliado, é possível realizar todos controles relevantes para o projeto. Para cada risco, os controles dizem respeito, fundamentalmente, a:

- qual a nova reação, não planejada anteriormente (seja de contenção/prevenção ou de contingência);
- o que esta reação provoca (mitiga, elimina etc.);
- qual o custo desta reação;
- quais os responsáveis pela reação e pelo acompanhamento do risco;
- data de ocorrência (materialização) do risco;
- qual o impacto do risco (por qual valor ele ocorreu).

O gerente de projetos, assim, tem que garantir a integração deste processo com as demais áreas, assegurando que o plano do projeto seja atualizado sempre. Além disto, o gerente deve comprometer a equipe em relação às suas responsabilidades face à gestão dos riscos, em especial aqueles que são os responsáveis pelo acompanhamento (donos) dos riscos. Estes devem monitorar e executar as estratégias de resposta para redução e minimização, e reportar periodicamente o progresso obtido na condução do plano, bem como os efeitos imprevistos ou qualquer correção necessária em relação ao plano original.

Além de alimentar as outras áreas da gestão de projetos, para um bom monitoramento dos gatilhos o gerente deve se assegurar que os relatórios de desempenho sejam adequadamente comunicados, pois estas informações podem disparar os planos de resposta aos riscos.

Muitas vezes ocorre que, em alguns projetos, existem dificuldades em detectar previamente uma reação de contingência. Nesses casos, quando ocorre um risco desta natureza, os gerentes de projeto respondem por meio de ações que contêm um certo grau de improviso em sua essência. São os "quebragalhos" (contornos ou *workarounds*), ou seja, respostas não planejadas a eventos negativos de risco.

Um caso típico de ocorrência de evento de risco de difícil detecção ou mesmo ocorrência não planejada foi o o que aconteceu no projeto Apollo13. A missão espacial americana teve sua nave explodida antes de completar um terço da viagem, obrigando o gerente de projetos a mudar seu objetivo de levar o homem à Lua e trazê-lo de volta com segurança. O quadro 5 mostra uma parte desta interessante história.

Quadro 5

APOLLO 13: PARTE DE UMA HISTÓRIA DE RISCO

O lançamento foi bem.
O próximo passo da jornada lunar era deixar a órbita da Terra, seguir em direção à Lua e realizar o acoplamento do módulo lunar chamado Aquarius ao módulo de comando Odissey.
Eles tinham separado o Aquarius do terceiro estágio do foguete Saturno, o S4b. Acoplados, Odissey e Aquarius se afastavam da Terra rumo à Lua.
Então a base de controle recebeu a mensagem que deixou o mundo com a respiração suspensa: "Houston, estamos com um problema!"
Alguns comentários e trechos de conversa das equipes da base de controle com os astronautas que estavam no módulo de comando foram amplamente divulgados, na época, pela mídia:

- Caiu a voltagem do sistema elétrico do S4b.
- Cinco aceleradas... a nova partida foi muito difícil.
- Vocês perceberam alguma interrupção na corrente alternada por baixa voltagem?
- Acho que a tripulação registrou queda de voltagem no sistema elétrico B.
- Acho que temos um problema de instrumentação, nave.
- Também tivemos uma explosão muito grande associada ao alarme.
- Tive a sensação de uma vibração acompanhando a explosão. Mas não uma grande vibração.

Um dos tanques de oxigênio do módulo de serviço tinha explodido e o gás estava vazando. Numa espaçonave o oxigênio não é só utilizado para que a tripulação respire, mas também é necessário no processo de produção

continua

de energia. Os astronautas teriam que desligar os motores para garantir o combustível da viagem de volta. A nave ficaria funcionando só com as baterias. Por isso todos os equipamentos que não fossem essenciais teriam que ser desligados.
— Minhas preocupações aumentavam a cada minuto. Não sabíamos se conseguiríamos pousar na Lua ou mesmo voltar para casa.

Para a ocorrência do evento — explosão de um dos tanques de oxigênio da nave — não havia, aparentemente, um plano de respostas. Assim, ações improvisadas foram sendo tomadas, até que uma série de técnicos coordenados por um experiente gerente de projetos conseguiu trazer a nave de volta à Terra, com os astronautas salvos.

Neste, como em qualquer projeto, ao ser encerrado o processo de controle dos riscos, o gerente de projetos e sua equipe devem ter respostas para as questões relacionadas a seguir.

- Os riscos mitigados foram contidos de maneira suficiente?
- Os riscos que aceitamos e se materializaram podem ser tolerados?
- Os resultados do plano de contingência foram satisfatórios?
- Os contornos realizados geraram resultados eficazes?
- O ciclo de vida do risco chegou ao fim?
- É necessária a tomada de alguma ação extra?

Estas são questões que provocarão reflexões por parte dos gestores dos riscos, facilitando seu processo de acompanhamento.

Para o controle ser efetivo e termos uma base de lições aprendidas, é fundamental a documentação dos riscos ao longo do desenvolvimento do projeto.

Documentação dos riscos e fechamento do projeto

É de fundamental importância que, durante o acompanhamento dos riscos, a equipe responsável registre tudo que está acontecendo com relação a estes. O simples fato de fazermos o acompanhamento com uma ferramenta de controle como a referenciada na tabela 10 é suficiente para que a documentação necessária seja gerada.

Ao término do projeto, teremos o registro de tudo o que aconteceu com relação às possíveis incertezas que cercam qualquer projeto, pois:

- pensamos e registramos as incertezas possíveis;
- descrevemos os riscos, identificando as causas possíveis e seus respectivos impactos;
- categorizamos os riscos, dividindo-os por afinidade e possibilitando a alocação destes aos recursos (profissionais) mais capacitados para seu acompanhamento;
- analisamos os riscos, determinando sua importância e pesos relativos;
- definimos estratégias de reação aos riscos, tanto de prevenção/contenção quanto de contingência;
- tomamos a decisão sobre o projeto, se vamos em frente ou não, baseados nas incertezas e seus possíveis impactos;
- determinamos a relação comercial ou de negócio, definindo quem seriam os responsáveis pelo ônus dos riscos, se o cliente ou o fornecedor;
- planejamos quem serão os responsáveis operacionais por acompanhar os riscos do projeto;
- definimos um sistema gerencial de acompanhamento e executamos o projeto, monitorando tudo o que estava acontecendo e efetuando o devido registro.

Agora, ao fecharmos o projeto, criamos uma base de referência para uso futuro, pois sabemos:

- que riscos identificados realmente se materializaram, quando e por quanto tempo. Isto nos permite validar o nosso processo de estimativa, refinando-o para futuros projetos;
- que riscos identificados não se materializaram;
- que riscos se materializaram e não haviam sido identificados previamente;
- quais os impactos efetivos totais dos riscos ocorridos *versus* o que havíamos planejado;
- o que estas incertezas provocaram nos resultados finais do projeto.

Ao registrarmos o que está acontecendo, isto envolve todos os valores do projeto, fazendo com que o real possa ser confrontado com o planejado, como podemos ver na figura 26.

Toda esta documentação permite uma análise de lições aprendidas e gera uma base histórica que, cumulativamente, fornecerá subsídios para o planejamento de gerenciamento de riscos de projetos futuros, pois a referenciaremos no processo de identificação de riscos, utilizando a metodologia de analogia interna, como visto no capítulo 1.

O processo de gerenciamento de riscos significa, na realidade, saber lidar com as incertezas. Nossa vida está repleta de incertezas, pois tudo que se refere a futuro é incerto. E isto acontece tanto no aspecto pessoal quanto no profissional; tanto em projetos, que são finitos, quanto na operação cíclica de uma organização. Se quisermos ter domínio sobre o futuro e poder de influenciá-lo, temos que planejar, traçar metas e objetivos, ações a serem executadas, de forma a tentar prever e provocar o futuro. Mas, com relação ao futuro, nada é absolutamente certo.

Portanto, é fundamental a existência de um processo que nos permita lidar com as incertezas de uma forma estruturada, reduzindo substancialmente a intangibilidade do futuro.

Figura 26

Acompanhamento global do projeto

Valor Final do Projeto					
Projeto: 0 Cliente: 0 Resp: 0					00.01.00
Análise de Resultado	**Valores**	**Variação**	**PLANEJAMENTO**	**Valores**	**Variação**
Valor Base do Projeto - Planejamento	$0	100.			
Custo das Novas Respostas - Ameaças	$0				
Custo das Novas Respostas - Oportunidades	$0				
Novo Valor Base do Projeto	$0	#DIV/0!	Com os Custos das Respostas	$0	100,00.
Riscos Materializados - Ameaças	$0	#DIV/0!	Riscos - Ameaças (VE)	$0	#DIV/0!
Riscos Materializados - Oportunidades	$0	#DIV/0!	Riscos - Oportunidades (VE)	$0	#DIV/0!
VALOR FINAL DO PROJETO	$0	#DIV/0!			
			Valor Esperado do Projeto com Riscos	$0	#DIV/0!
			Valor Esperado - Melhor Caso	$0	#DIV/0!
			Valor Esperado - Pior Caso	$0	#DIV/0!
			Valor de Decisão do Plano	$0	#DIV/0!
Análise de Desempenho Real x Planejado					
	Diferenças	**%**	**Valores**		
VALOR FINAL DO PROJETO	$0				
Diferença Contra o Valor Base - Planejamento	$0	#DIV/0!	$0		
Diferença Contra o Valor Esperado	$0	#DIV/0!	$0		
Diferença Contra Valor de Decisão do Plano	$0	#DIV/0!	$0		

Após vermos todo o processo de gerenciamento de riscos em projetos, uma questão se levanta: pode o gerenciamento de riscos influenciar de maneira decisiva os resultados dos projetos? Discutiremos isto a seguir.

Gerenciamento de riscos como fator crítico de sucesso em projetos

Planejamento de um projeto pressupõe projetar o futuro. Neste, temos a cultura tradicional de pensar no que deve ser feito (escopo), com que nível de qualidade, em que prazo e com que resultado financeiro. No entanto, temos o hábito de tratar o futuro com se tudo fosse certeza, estimando-o de forma cartesiana. Nosso planejamento de tempo normalmente considera uma estimativa de duração para cada atividade, como se esta estimativa fosse 100% certa. Na prática, sabemos que não é. Mas só identificamos o erro da estimativa ao final de cada projeto ou, habilmente, vamos ajustando as durações cartesianamente estimadas, ao longo do projeto, reduzindo ou aumentando as próximas atividades, de forma a que, no final do projeto, o desvio seja o menor possível com relação ao que havia sido inicialmente planejado.

O gerenciamento de riscos nos traz, de uma forma estruturada, o método para lidar com as incertezas dos projetos, proporcionando os seguintes benefícios:

- garantia de que o projeto está controlado em um nível que nunca tivemos antes, pois reduzimos as incertezas;
- redução substancial da ocorrência de surpresas e problemas, pois há planos de ação para atacar os riscos;
- melhora de nossa relação comercial, pois o fato de reduzir as surpresas e criar mecanismos de defesa nos dá maior po-

der de negociação e aproxima mais o planejado do que será efetivamente realizado;

- e, finalmente, e em razão do exposto, aumento substancial das chances de sucesso do projeto.

Dessa forma, podemos concluir que o gerenciamento de riscos é fator crítico de sucesso em projetos, e decidir não fazê-lo significa comprometer intencionalmente os resultados dos mesmos, como visto nos capítulos anteriores.

Mas ainda resta uma dúvida: como nossos clientes, sejam internos ou externos, irão reagir com relação aos riscos do projeto? Eles aceitarão que o produto desejado do projeto possa ter incertezas que o impactem?

Gerenciamento de riscos em projeto de consultoria – um exemplo

Em 2005, Carlos, empresário de consultoria, foi convidado para apresentar uma proposta em uma concorrência para o desenvolvimento de uma consultoria estratégica para um cliente (empresa industrial). O executivo do cliente solicitou propostas a cinco empresas de consultoria e lhes enviou a carta-convite e um documento anexo, que especificava detalhadamente a análise da situação. Carlos analisou as informações enviadas, desenvolveu o plano do projeto, preparou a proposta e fez o gerenciamento dos riscos. O projeto apresentava riscos elevados, e Carlos decidiu não assumir os riscos de negócio, assumindo apenas os riscos inerentes ao seu trabalho e, para estes, ajustando o valor base. Com relação aos riscos de negócio do projeto, em sua proposta ele incluiu um capítulo relacionado aos riscos identificados e quantificados — demonstrando para o cliente qual a exposição do projeto —, contemplando o valor base (que foi o seu preço para o serviço) e o valor esperado para os riscos do projeto, sinalizando, assim, que este poderia ter um custo bastante maior do que o valor do serviço especificado no valor base e recomendando ao cliente que garantisse uma reserva financeira para fazer frente aos riscos relacionados. Também mostrou ao cliente o pior caso, demonstrando que se tudo desse errado, se todos os riscos de ameaças se materializassem, qual poderia ser a necessidade de caixa do cliente para não interromper o projeto.

Carlos ganhou a concorrência e começou o desenvolvimento do projeto, cuja duração total era prevista para quatro meses (16 semanas). Próximo ao final do projeto, o executivo do cliente convidou Carlos para um almoço. No almoço, segue-se o seguinte diálogo:

> *Cliente:* Carlos, você sabe por que sua empresa ganhou esta concorrência?
>
> *Carlos:* Talvez porque tenha sido a proposta que lhe transmitiu a confiança de que os resultados compromissados seriam alcançados.
>
> [O cliente que compra uma proposta escolhe-a apenas pela confiança e pelo equilíbrio, pois acredita que o fornecedor entendeu qual o problema, dimensionou corretamente a solução e que os prazos e custos são coerentes com a solução proposta. Você, leitor, já viu alguma proposta em que a sensação foi de que o fornecedor não entendeu o que era pedido ou em que os prazos e custos não eram coerentes com o serviço proposto? Estas propostas nunca são escolhidas, porque o que o cliente quer não é levar vantagem sobre o fornecedor, mas, sim, o produto do projeto.]
>
> *Cliente*: Sim, mas o que realmente transmitiu esta segurança, de que a sua proposta era a melhor?

Carlos: Sinto, não sei.

Cliente: Mas houve algo específico, que me chamou a atenção e me fez escolher a sua proposta.

Carlos: E o que foi?

Cliente: Você foi o único fornecedor que me mostrou que o projeto que eu tanto queria tinha riscos que poderiam impactar sua conclusão. É claro que não gostei de saber que o projeto tinha riscos, mas o que você identificou era lógico. Realmente poderia acontecer. Posso até não concordar com algum dos riscos listados ou com sua estimativa para os riscos, mas você me deu mecanismos gerenciais para tomar decisão, mostrando-me o que deveria me preocupar com relação a reservas financeiras. Isso demonstrou que você estava efetivamente preocupado com a concretização dos resultados do projeto.

Carlos: Era esta a intenção, realmente.

Cliente: E, ao olhar para as outras propostas, nenhuma delas incluía nada referente aos riscos do projeto. E aí me ficaram as seguintes alternativas: ou o fornecedor não identificou os riscos, não os quantificou, e se eles ocorressem teria que me chamar para renegociar as condições ou então não me entregaria o produto do projeto; ou ele identificou os riscos, mas decidiu não me comunicar. Neste caso por que, se os riscos que você listou são efetivamente relacionados com o produto do projeto com o que você vai me entregar e, portanto, do dono do projeto, ou seja, eu? E, aparentemente, pelos valores que você me informou, e nos quais eu fiz alguns redimensionamentos, nenhum outro fornecedor incluiu os riscos no preço da proposta. Na segunda hipótese (se ele identificou os riscos e não me comunicou), reagiu e gastou. Ele tomou a decisão e eu paguei, ou seja, ele transformou a reação ao risco em custo fixo para mim (e quem disse que esta reação escolhida pelo fornecedor seria a mesma que eu escolheria?). Já você, ao listar os riscos e seus respectivos

> valores esperados em sua proposta, me deu o direito de participar da decisão sobre o que fazer com os riscos do projeto. Ou seja, agora estes riscos representam custo variável para mim! Em resumo, o fato de você me demonstrar que o projeto que eu queria poderia ter empecilhos que potencialmente o prejudicariam me transmitiu sua preocupação com a realização e atingimento dos objetivos do projeto, o que nenhum dos outros fornecedores se preocupou em me transmitir.

O que este caso nos demonstra? Que, contrariamente ao que imaginamos, o cliente contratante quer sentir a segurança da entrega do produto do projeto nas condições ofertadas, quer reduzir os compromissos fixos e aumentar os variáveis, e o gerenciamento dos riscos acabou sendo um diferencial competitivo para a empresa de Carlos. E isto confirma que, quanto mais maduro com relação à gerencia de riscos for o cliente, mais ele vai querer participar do processo e saber dos riscos inerentes ao projeto que ele deseja ver realizado, desconstruindo o terceiro paradigma listado no capítulo 3.

Mas em algumas situações não vamos conseguir negociar os riscos com o cliente. Se estivermos atendendo a um edital de licitação, provavelmente não conseguiremos discutir os riscos com o cliente, e teremos que fazer o papel da seguradora, isto é, incluir as despesas de prevenção/contenção e contingenciamento no preço do projeto.

Entretanto, uma grande empresa pública do setor de energia já declarou que irá incluir em seus editais de licitação o pedido para que as propostas contemplem o gerenciamento dos riscos dos projetos propostos. Isto se deve a esta organização já ter acordado para a importância do gerenciamento dos riscos e dos resultados por este indicados, a ponto de não mais considerar como válidas, propostas que não o contemplem.

Gerenciamento de riscos operacionais — um exemplo

No início da década de 1990, a Petrobras começou a analisar a utilização de unidades do tipo *floating production storage and offloading system* (FPSO) ou, em português, sistema flutuante de produção, armazenamento e descarregamento — espécie de navio transformado em plataforma, como alternativa às plataformas semissubmersíveis *offshore*, para a extração de petróleo em águas profundas.

Um dos aspectos importantes neste processo é o porte do navio aliviador, embarcação petroleira que se acopla ao FPSO em alto mar, coleta toda a sua carga e a transporta até um terminal em terra. A princípio cogitou-se usar o maior navio aliviador possível, preferencialmente com capacidade de carga próxima à do FPSO, ou seja, mais de 250 mil toneladas. Entretanto, após a análise de riscos, isto foi descartado pois, em mais de uma dezena de FPSOs, com uma manobra de alívio por semana em cada um, durante mais de 20 anos de operação (mais de 12 mil manobras de alívio), fatalmente em algum dia o navio aliviador poderia abalroar o FPSO na região de popa e levar ambos, com suas respectivas cargas, a pique, num imenso desastre ecológico e econômico. Isto se deve a que navios de grande porte possuem um grande arrasto, tornando difícil sua abordagem a outras embarcações, e o choque de dois navios de mesmo porte certamente afundaria ambos. Como uma forma de prevenção limitou-se o porte dos navios aliviadores, para que se um navio menor abalroasse o FPSO não provocasse maiores danos.

Para se ter uma ideia do potencial de danos, o maior desastre ecológico da história foi em 1989, quando o navio-tanque *Exxon Valdez* derramou, na costa do Alaska, o equivalente a 11 milhões de galões de óleo bruto, o que corresponde a 41,7 milhões de litros de óleo.

O abalroamento de um navio aliviador em um FPSO da Petrobras se tornaria o maior desastre ecológico da história da humanidade!

Gerenciamento de riscos em projeto pessoal – um exemplo

E na nossa vida pessoal, como o gerenciamento de riscos pode nos ajudar? Isto pode ser demonstrado por meio do caso a seguir, relatado por um dos alunos do MBA em gerência de projetos de uma turma do Rio de Janeiro. A situação exposta foi a que se segue.

Paulo é casado, pai de dois filhos e mora em um bom apartamento na Barra da Tijuca, financiado pela Caixa Econômica Federal (CEF), em 20 anos. Este financiamento, obtido em 1988, correspondia a 5 mil unidades-padrão de crédito (UPCs). Este financiamento de 5 mil UPCs não contava com o benefício do Fundo de Compensação de Variações Salariais (FCVS),[4] portanto, no fim do contrato o saldo devedor deveria ser quitado ou refinanciado a novas taxas por um prazo igual a 50% do prazo original (no caso, 10 anos) ao final do qual deveria então ocorrer a quitação do saldo devedor, à vista. A situação em 2000 era que Paulo já havia pago 12 anos de um financiamento de 20 anos, e a dívida só havia crescido. Seu apartamento, na época, valia R$ 300 mil e sua dívida já montava em R$ 110 mil.

[4] O Fundo de Compensação de Variações Salariais (FCVS) foi criado por intermédio da Resolução nº 25, de 16 de junho de 1967, do conselho de administração do extinto Banco Nacional da Habitação (BNH), com a finalidade de garantir aos agentes financeiros a quitação dos saldos devedores remanescentes de contratos de financiamento habitacional. Em 1987, por força de Decreto-Lei nº 2.349, ele ficou restrito a financiamentos até um determinado valor. Na prática, para financiamentos de até um valor estabelecido, caso houvesse saldo devedor ao final do contato e tendo sido pagas todas as prestações, o FCVS cobria o valor desse saldo perante ao agente financeiro — no exemplo acima, a CEF (N. do E.).

Naquela época a CEF lançou um programa de incentivo à quitação dos financiamentos e Paulo conseguiu uma carta da instituição, garantindo um abatimento de 40% de seu saldo devedor em caso de quitação, levando a dívida de Paulo para algo próximo de R$ 70 mil. Só que Paulo não tinha os recursos para efetuar a quitação. Ele fez uma reunião familiar e, todos juntos, decidiram vender o apartamento, quitar o saldo devedor e, com o que sobrasse, comprar um apartamento menor. Colocaram o apartamento à venda e sua esposa, que é arquiteta e decoradora, iniciou a procura de outro apartamento, em torno de R$ 200 mil, pois esta seria, aproximadamente, a sobra de caixa da venda do apartamento após a quitação do saldo devedor.

Nesta procura, a esposa de Paulo encontrou um apartamento, em um prédio mais antigo, dentro do limite de preço que eles poderiam pagar, apaixonou-se pelo imóvel e levou Paulo para vê-lo. Paulo, ao ver o apartamento, ficou horrorizado. O imóvel tinha quatro quartos (seu original era de três quartos) na Barra da Tijuca, com excelente planta, porém:

- literalmente destruído, em péssimo estado: imundo, vazamentos, encanamentos obstruídos, tomadas em curto-circuito;
- a proprietária morava na Alemanha, com procurador no Brasil;
- tinha inquilinos há mais de 10 anos, que pagavam de aluguel R$ 250 (o preço normal de um aluguel no mesmo prédio era de R$ 2 mil);
- devia três anos de taxas de condomínio e de IPTU;
- estava à venda havia mais de quatro anos (?!).

Pelas condições financeiras, o ideal para Paulo era conseguir fazer uma compra e venda casadas no tempo, para que ele não precisasse alugar outro apartamento enquanto aguardava a saída do inquilino e efetuava as obras no novo apartamento.

A situação e as condições do imóvel acabaram fazendo com que ninguém ainda houvesse decidido comprá-lo, motivo pelo qual estava à venda havia quatro anos.

Com este cenário, Paulo decidiu usar a metodologia de gerenciamento de riscos para avaliar a situação. Os riscos identificados foram os sintetizados no quadro 6.

Quadro 6

Riscos identificados: troca de apartamento

Nº	Categoria	Descrição	Prob.	Imp.	Resultado
1	Mercado	Não encontrar comprador para o seu apartamento que aceite dar 30% de sinal e esperar 30 dias para Paulo efetuar a quitação, obter os documentos da CEF para assinar a venda, provocando o cancelamento do negócio	A	MA	MA
2	Documentação	Documentação do apartamento não estar regularizada, provocando o cancelamento deste negócio	A	MA	MA
3	Documentação	Documentação da proprietária estar incompleta, podendo provocar aumento de custos necessário à regularização	A	M	A
4	Legislação	Retirada do inquilino levar mais do que dois meses, provocando aumento de custos no negócio, em função da necessidade de aluguel de outro apartamento	MA	A	A

continua

Nº	Categoria	Descrição	Prob.	Imp.	Resultado
5	Obras	Obras emergenciais, que impedem a entrada no apartamento podem levar um prazo maior que dois meses, provocando a necessidade de aluguel de outro apartamento. Risco associado ao risco 4	A	M	M
6	Financeiro	Dívidas de taxas de condomínio e IPTU do inquilino, provocando aumento de custos	M	M	M
7	Mercado	Venda do apartamento para outro comprador, enquanto Paulo não conseguisse vender o seu	B	M	M

A = alto(a); MA = muito alto(a); M = médio(a); B = baixo(a)

Os riscos eram tão graves em seu impacto que, absolutamente, inviabilizavam o projeto. Paulo então definiu reações de prevenção e de contingência para poder lidar com a situação de risco, conforme se pode ver no quadro 7.

Quadro 7
REAÇÃO AOS RISCOS — TROCA DE APARTAMENTO

Nº	Estratégia	Reação	Observação
1	Prevenção	Continuar procurando candidato à compra que aceite as condições de venda	Este risco inviabiliza a continuidade do projeto
2	Prevenção	Contratar advogado para cuidar de toda a parte legal da transação de compra	Esta reação atende aos riscos 2 e 3
3	Prevenção	Idem risco 2	—
4	Prevenção	Negociar com o inquilino, oferecendo benefícios para sua saída imediata	Como contingência, alugar um apartamento enquanto o processo de retirada do inquilino não for concluído

continua

Nº	Estratégia	Reação	Observação
5	Prevenção	Desenvolver um plano de obras, em etapas, que permita as obras emergenciais e a entrada no apartamento para depois complementar as obras	Como contingência, alugar um apartamento enquanto as obras emergenciais não forem concluídas
6	Prevenção	Negociar com o proprietário o abatimento das dívidas do preço final do apartamento	Este custo, pela legislação, é de responsabilidade do proprietário. Em caso negativo, como contingência, financiar o montante da dívida
7	Contingência	Partir para a compra de outro apartamento	Não há reação de prevenção possível

Com estas reações, o negócio passou a ficar viável, pois Paulo tinha resposta para qualquer incerteza que pudesse acontecer no processo. Ele conseguiu um comprador para o seu apartamento (risco 1) que aceitasse as condições de venda e negociou sua saída em dois meses após a assinatura da venda. Como a documentação da CEF levaria em torno de um mês, Paulo obteve um prazo de três meses após o sinal para sua saída do apartamento atual.

Paulo contratou um advogado, a um custo de R$ 3 mil, para que cuidasse dos riscos 2 e 3 e o suportasse no risco 4. Toda a documentação foi tirada e estava em ordem. A proprietária teve que fazer documentos na embaixada brasileira no exterior, com tradução juramentada, para viabilizar a venda.

Com relação ao risco do inquilino (risco 4), este já havia recebido a carta de oferta para compra do imóvel e declinado desta formalmente. Paulo já havia se apresentado ao inquilino, que tinha conhecimento do processo de venda do apartamento e da existência de um comprador interessado. Pela situação de abandono do imóvel, pelo preço pago a título de aluguel (R$ 250) e pelas dívidas, é fácil concluir que o inquilino estava em dificuldades financeiras. Logo após a assinatura da venda de seu apartamento e da compra do outro, feitas no mesmo cartório, Paulo foi ao seu "novo" apartamento. Apresentou-se ao inquilino como o novo proprietário, entregou uma carta formal solicitando sua saída, pois precisava do seu único imóvel para moradia (a legislação, neste caso, aponta que o inquilino tem um prazo de seis meses para liberar o imóvel). Aproveitou para declarar que reconhecia os direitos do inquilino quanto ao prazo de saída e o avisou de que entraria com uma ação de revisão de aluguel, pois o aluguel de um imóvel com aquelas características não custava R$ 250, mas, sim, R$ 2 mil. Ações de revisão de aluguel são julgadas imediatamente. Isso assustou o inquilino, em função de sua situação financeira, e abriu as portas para a negociação na qual Paulo ofereceu uma pequena quantia para que ele saísse imediatamente. O inquilino aceitou e desocupou o imóvel em 10 dias. Esta negociação também ajudou a solução do risco 5, pois deu a Paulo o prazo de 50 dias para fazer as obras emergenciais, antes de liberar o seu imóvel anterior, o que foi feito.

Com relação ao risco 6, Paulo negociou com a proprietária, que aceitou a entrega do apartamento com as dívidas das taxas condominiais e do IPTU quitadas. O sinal dado por Paulo para o negócio foi planejado para ser de valor suficiente para quitação destas dívidas. O risco 7 acabou não acontecendo, em função da gerência dos riscos anteriores.

Hoje, após cinco anos e dois ciclos de obras nas quais foram gastos mais R$ 150 mil (perfazendo um desembolso total de R$ 350 mil), o novo apartamento de Paulo vale, no mercado, em torno de R$ 700 mil!

Neste caso, nos ficam os seguintes questionamentos: você, leitor, teria decidido entrar neste negócio? Seria possível a negociação sem um adequado gerenciamento dos riscos envolvidos no negócio? Certamente, não! Foi o gerenciamento dos riscos envolvidos que permitiu a Paulo ter domínio sobre o processo e realizar um grande negócio.

E com relação ao ambiente empresarial, no nível estratégico, o gerenciamento de riscos pode ser utilizado? Como ele auxilia as organizações a identificarem e determinarem os impactos da instabilidade do ambiente? Isto pode ser visto ao analisarmos uma das principais ferramentas de planejamento estratégico, a análise Swot e seu desdobramento, o modelo OT.

Análise OT: riscos de negócio

Esta análise OT foi desenvolvida por Carlos Salles Junior e é parte do artigo "Modelo Swot — uma nova abordagem", publicado nos anais do II Congresso Nacional de Excelência em Gestão (2004).

Conforme definido por Hunger e Wheelen (2002), a gestão estratégica consiste em quatro elementos básicos: análise sistemática do ambiente, formulação da estratégia, implementação da estratégia, avaliação e controle. A figura 27 mostra como estes quatro elementos interagem. O nível executivo da organização desenvolve uma análise sistemática tanto do ambiente externo, buscando oportunidades e ameaças, quanto do interno, buscando forças e fraquezas.

Figura 27
PROCESSO DE GESTÃO ESTRATÉGICA

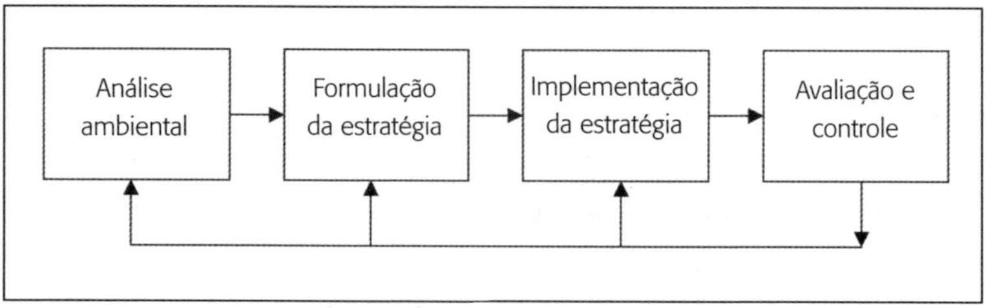

Há quatro aspectos que resumem os fatores estratégicos para uma empresa: forças, fraquezas, oportunidades e ameaças. A análise Swot não deve resultar apenas na identificação das competências únicas de uma corporação, nas suas capacidades e recursos específicos e no modo superior como são utilizados, mas também na identificação das oportunidades — das quais a empresa não está apta a obter vantagem devido à falta de recursos apropriados — e das ameaças, que podem impactar o seu negócio.

Pelo modelo proposto por Hunger e Wheelen (2002) para a gestão estratégica, tudo se inicia com a análise ambiental, isto é, a identificação das variáveis do ambiente externo (oportunidades e ameaças) e do ambiente interno (forças e fraquezas), e isto é feito utilizando-se a análise Swot, que procura alinhar o ambiente interno com o ambiente externo.

Qualquer organização, seja qual for seu segmento de negócio ou composição acionária, só pode ter sucesso a partir do ambiente externo no qual está inserida, isto é, aproveitando as oportunidades existentes e minimizando as ameaças do meio ambiente. Portanto, sua estratégia deve garantir que suas ações, metas e competências estejam alinhadas com este ambiente externo, que é altamente mutável.

Neste ambiente de alta volatilidade e competitividade, com consequentes mudanças constantes, é imperioso que as organizações estejam constantemente analisando o meio ambiente no qual estão inseridas, de forma a identificar as mutantes oportunidades e ameaças e, em consequência, direcionar suas ações e competências para poder se adequar a este novo ambiente.

Para os chineses, em qualquer ambiente de mudança se instala uma crise. Eles representam a palavra crise com dois ideogramas combinados, conforme se pode ver na figura 28.

Figura 28
IDEOGRAMA DE CRISE

危机

O primeiro ideograma significa riscos potenciais e o segundo expressa oportunidades escondidas. Em todo ambiente de mudança existem oportunidades que estão escondidas, isto é, não são visíveis para todos ao mesmo tempo; somente alguns as identificarão, e isto explica, em parte, por que, em ambientes competitivos, sempre há uma organização que sai na frente. Não será porque identificou as oportunidades escondidas antes de seus concorrentes? Além disso, existem os riscos potenciais, isto é, ameaças que poderão, potencialmente, afetar negativamente sua organização. Nesse contexto, uma oportunidade escondida não identificada e aproveitada pode significar a concretização de uma ameaça que era apenas potencial.

Os chineses representam, milenarmente, a palavra crise desta forma, o que pode nos levar a refletir que a parte de análise ambiental externa (*opportunities & threats* — OT) apresentada no Swot (Christensen et al., 1969) tem esta idade.

A análise Swot (figura 29) une a análise dos fatores externos que podem influenciar uma organização aos seus fatores internos, o que significa que seu objetivo é alinhar a organização ao ambiente externo no qual ela está inserida.

Figura 29
ANÁLISE SWOT

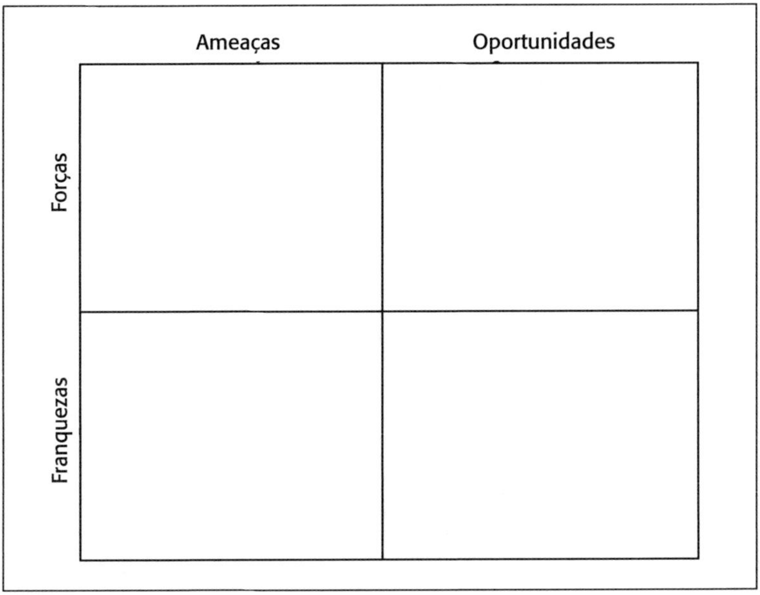

As oportunidades e ameaças existentes no meio ambiente vão afetar organizações diferentes de formas distintas. A mesma ocorrência externa, para um organização pode ser uma oportunidade e, para outra, uma ameaça. Portanto, para iniciar uma análise Swot, o primeiro passo é o entendimento de qual é o seu negócio. Negócios diferentes serão afetados de forma diferente pela mesma ocorrência externa.

No entanto, a análise Swot, da maneira como é proposta (figura 29), nos leva a pensar nos ambientes interno e externo ao mesmo tempo, quando, na realidade, as suas forças e fraquezas são decorrentes das oportunidades e ameaças.

Isto provoca uma certa dificuldade na análise, o que faz com que, pragmaticamente, seja muito comum vermos análises Swot feitas através de listas independentes, nas quais os elementos dos ambientes externo e interno estão completamente desassociados, sem nenhuma relação entre eles, conforme demonstrado na figura 30.

Figura 30
Análise Swot com elementos desassociados

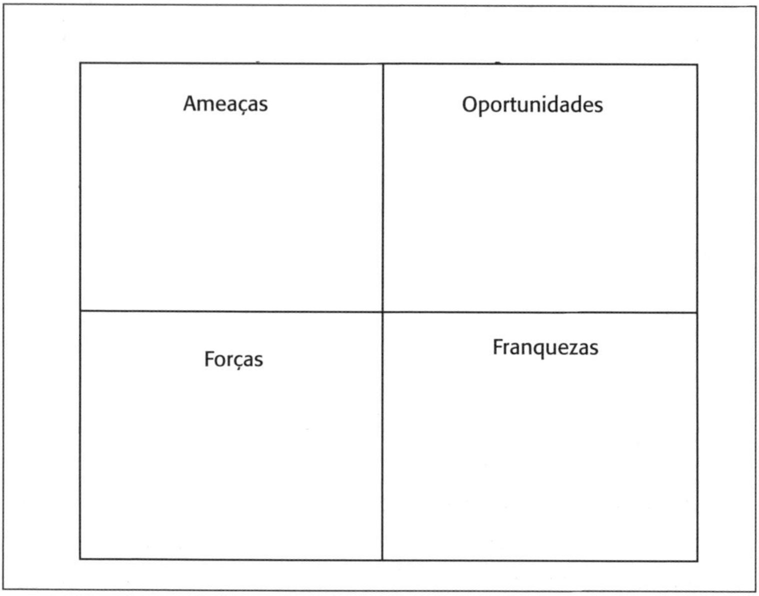

Visando auxiliar a reflexão e facilitar a análise, a recomendação é que se "quebre" a análise Swot em duas etapas: primeiramente analisaríamos o ambiente externo somente, por meio da análise OT, identificando todas as oportunidades e ameaças, para, então, fecharmos a análise Swot trazendo estas oportunidades e ameaças para analisá-las em face do ambiente interno.

O raciocínio para o desenvolvimento da análise OT está calcada em premissas pragmáticas, identificadas no desenvolvimento de planos estratégicos de organizações. Estas premissas são:

- não podemos influenciar a análise do ambiente externo com nossa cultura tradicional. Na análise Swot somos induzidos a pensar nos ambientes externo e interno ao mesmo tempo, e neste momento procuramos no ambiente externo nossa "zona de conforto", selecionando, mesmo que não intencionalmente, oportunidades e ameaças que nos sejam confortáveis;
- os fatores externos independem do atual estágio da organização, de suas capacidades, competências, cultura, crenças, valores ou vontades internas. Isto é um fato;
- como a organização é fruto do meio ambiente no qual ela está inserida, primeiramente preciso entender este meio ambiente para, depois, ver como estou frente a ele. Nenhuma organização tem forças ou fraquezas intrínsecas. Suas forças e fraquezas são sempre com relação a alguma coisa — oportunidade ou ameaça;
- o *timming* de análise dos ambientes externo e interno é diferente. O interno deve ser consequência do externo.

O desenvolvimento da análise OT visa à identificação apenas dos fatores externos que influenciam as organizações — as ameaças e oportunidades do meio ambiente —, associando-os à dimensão tempo, conforme modelo apresentado na figura 31.

Neste trabalho é fundamental a identificação não apenas das ameaças e oportunidades atuais, mas também do que vislumbramos como ameaças e oportunidades futuras. Estas oportunidades e ameaças são dependentes do tempo. Elas podem aparecer, desaparecer, modificar-se ou mesmo virar o oposto (uma oportunidade virar uma ameaça ou vice-versa) ao longo do tempo. Esta variável tempo não é considerada nas ferramentas tradicionais de análise ambiental e a sua inclusão permite uma contextualização muito mais precisa de prioridades e planos de ação adequados ao momento da organização.

Figura 31
ANÁLISE OT

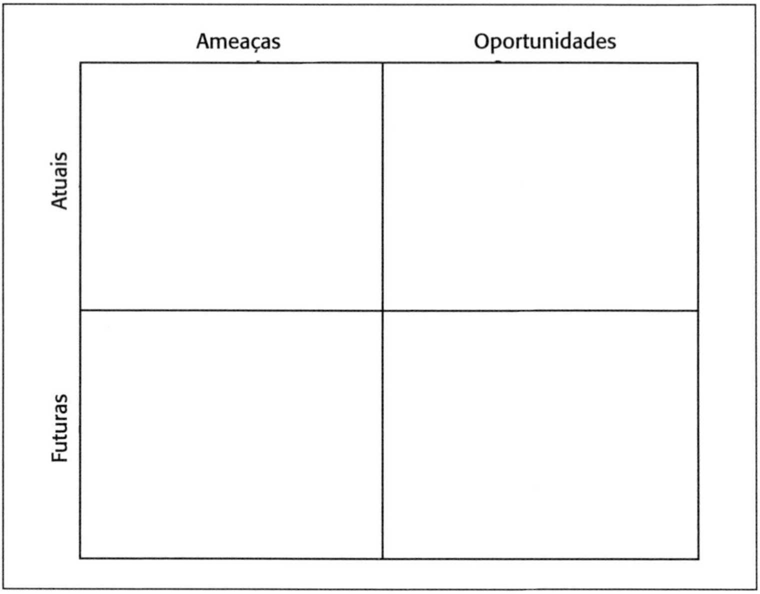

Um bom exemplo disso foi quando se identificou, no primeiro semestre de 2002, ano de eleição presidencial no Brasil, que havia uma enorme possibilidade de aumento substancial da taxa cambial após as eleições, em virtude da insegurança com relação às políticas econômicas entre a eleição e a posse. Isto era uma oportunidade ou ameaça essencialmente futura, pois não se materializaria no primeiro semestre de 2002.

Como visto, ameaças e oportunidades são tendências e não fatos. Se são tendências e apontam para o futuro, são incertezas. Se são incertezas, são riscos. Se são riscos, são gerenciáveis, de acordo com a metodologia proposta neste livro. A análise OT, então, pode ser vista como um processo para identificação e documentação dos riscos de negócio.

Neste capítulo abordamos o processo de controle dos riscos ao longo do desenvolvimento do projeto e como o gerenciamento de riscos é fator crítico de sucesso, chegando ao ponto de poder se tornar um grande diferencial competitivo nos projetos.

Conclusões

Esperamos que, com este livro, você tenha percebido a importância do gerenciamento de riscos e o que este pode provocar em termos de melhoria dos seus resultados gerenciais e do projeto. O futuro é feito de incertezas, e lidar com elas de uma forma um pouco mais estruturada nos dá maior domínio sobre este futuro, fazendo com que seja possível aproximar mais os resultados alcançados daquilo que havia sido planejado. Significa que, com isso, podemos decidir, assumir e cumprir melhor nossos compromissos.

O que seria do mercado financeiro ou do mercado segurador sem o preciso gerenciamento dos riscos? Será que estes mercados teriam tanto domínio sobre a incerteza do futuro? Para eles, o gerenciamento de riscos, certamente, é fator crítico de sucesso.

Fator crítico de sucesso também para os projetos, o gerenciamento de riscos não é utilizado, ou quando o é, ainda é feito de forma tímida. Com a metodologia apresentada, você, leitor, certamente ganhará um diferencial nos seus projetos, pois poderá lidar com informações e tomar decisões com muito mais propriedade, se comparado com quem não pensou nem lidou com as incertezas. A cultura em gerenciamento de riscos ainda não existe de forma disseminada no ambiente de projetos, mas, certamente, em breve existirá. Parafraseando Einstein, não sabíamos que não conhecíamos a metodologia de gerenciamento de riscos. Só acordamos para sua importância a partir do momento em que temos um processo e uma metodologia que irão permitir ter maior domínio sobre as incertezas de um projeto.

Isto também se aplica ao ambiente de negócios, em que a mesma metodologia aqui apresentada pode ser usada para tentarmos tangibilizar as ameaças e oportunidades do meio ambiente.

Esperamos, com este livro, ter contribuído para criar uma cultura, atitude e metodologia para o gerenciamento de riscos. O processo aqui apresentado vem sendo utilizado atualmente em serviços de consultoria por algumas poucas empresas, tanto no Brasil, quanto no exterior. Gerenciamento de riscos, de forma estruturada, ainda é uma metodologia pouco conhecida e, consequentemente, pouco utilizada. Mas creditamos o seu (ainda) pouco uso ao desconhecimento das pessoas, e não à não concordância destas com o processo.

Inove, diferencie-se, melhore seus resultados e compromissos, e tenha domínio sobre o seu projeto como você nunca teve antes, utilizando a metodologia de gerenciamento de riscos.

Referências

APGAR, D. *Risk inteligence* — learning to manage what we dont know. Boston: Harvard Business School Publisihing, 2006.

BARCAUI, André B. et al. *Gerenciamento do tempo em projetos*. Rio de Janeiro: FGV, 2006. (Publicações FGV Management, série Gerenciamento de Projetos).

BENINGA, S. *Financial modeling*. Boston: MIT Press, 2000.

BERNSTEIN, P. L. *Desafio aos deuses:* a fascinante história do risco. São Paulo: Elsevier/Campus, 1997.

BESSADA, O.; BARBEDO, C.; ARAÚJO, G. *Mercado de derivativos no Brasil*. Rio de Janeiro: Record, 2005.

BREALEY R.; Myers, S. *Corporate finance*: financing and risk management. New York: McGraw-Hill, 2003.

CARVALHO, M. M.; RABECHINI JR., R. *Construindo competências para gerenciar projetos:* teoria e prática. São Paulo: Atlas, 2005.

CHAPMAN, C. B.; WARD, Stephen; WARD, Steven. *Project risk management*: processes, techniques and insights. New York: John Wiley & Sons, 2006.

CHRISTENSEN, C. R. et al. *Business policy, text and cases*. Homewood, IL: Richard D. Irwin, 1969.

CLELAND, D; IRELAND, L. *Gerenciamento de projetos*. São Paulo: Campus, 1999.

DAMODARAN, A. *Corporate finance*. 15. ed. New York: McGraw-Hill, 1999.

FABOZZI, F. *Fixed income mathematics*. New York: McGraw-Hill, 1999.

GREY, S. *Practical risk assessment for project risk management:* process, techniques and insights. New York: John Wiley & Sons, 1997.

HILLSON, D. Extending the risk process to manage opportunities. In: EUROPEAN PROJECT MANAGEMENT CONFERENCE, 4. *Proceedings*... London, 2001

HULL, J. *Options, futures and other derivatives*. 3. ed. New York: Prentice Hall, 1997.

HUNGER, J. David; WHEELEN, Thomas L. *Gestão estratégica, princípios e práticas*. Rio de Janeiro: Reichmann & Affonso, 2002.

KAPLAN, R. S.; NORTON, D. P. *The balanced scorecard:* translating strategy into action. Boston: Harvard Business School Publishing, 1996.

KOCH, A. *Swot does not need to be recalled*: it needs to be enhanced. Disponível em: <www.westga.edu/~bquest/2000/swot1.html>. Acesso em: 19 jan. 2005.

LEE, S. F.; KO, A. *Building balanced scorecard with Swot analysis, and implementing "Sun Tzu's The Art of Business Management Strategies" on QFD methodology*. Disponível em <www.apmforum.com/strategy/swotsun.pdf>. Acesso em: 19 jan. 2005.

LOBATO, D. M. et al. *Estratégia de empresas*. Rio de Janeiro: FGV, 2003.

MAJLUF, N.; HAX, A. *The strategy concept and process*. Upper Saddle River, NJ: Prentice-Hall, 1991.

MATOS, J. A. *Theoretical foundations of corporate finance*. Princeton, NJ: Princeton University Press, 2001.

MEHRING, P. *Fischer black and the revolutionary idea of finance*. New York: John Wiley & Sons, 2005.

PRITCHARD, C. L. *Risk management*: concepts and guidance. Washington: ESI International, 1997.

PMI (Project Management Institute). *A guide to the project management body of knowledge* (*PMBOK Guide®*). 4. ed. Upper Darby, PA: PMI, 2008.

SALLES JUNIOR, C.A.C. Modelo Swot: uma nova abordagem metodológica. In: CONGRESSO NACIONAL DE EXCELÊNCIA EM GESTÃO, 2., 2004, Niterói. *Anais*. 2004. Disponível em: <www.excelenciaemgestao.org/pt/edicoes-anteriores/ii-cneg/anais.aspx>. Acesso em: maio 2010.

STANDISH GROUP. *Extreme chaos report*. 2001. Disponível em: <www.standishgroup.com/sample_research/ PDFpages/extreme_chaos.pdf>. Acesso em: 24 nov. 2005.

TALEB, N. et al. *A lógica do cisne negro*: o impacto do altamente improvável. São Paulo: BestSeller, 2008.

VERGARA, S. *Projetos e relatórios de pesquisa em administração*. São Paulo: Atlas, 1997.

WIDEMAN, M. *Project and program risk management*: a guide to managing risks and opportunities. Newton Square, PA: PMI, 1999.

XAVIER, C. M. et al. *Gerenciamento de aquisiçõs em projetos*. Rio de Janeiro: FGV, 2006. (Publicações FGV Management, série Gerenciamento de Projetos).

Glossário

EMV — *expected monetary value* (valor monetário esperado ou valor esperado [VE]).

Joint ventures — união de empresas com propósito específico.

Milestone — ponto de controle do projeto.

OT — *opportunities & threats* (oportunidades e ameaças).

PMBOK — *Project Management Body of Knowledge.*

PMI — *Project Management Institute.*

Project charter — termo de abertura do projeto.

RBS (*risk breakdown structure*) — árvore hierárquica dos riscos do projeto, também conhecida como estrutura analítica de riscos (EAR).

Risk taker — pessoa tomadora de riscos, que lida facilmente com situações de incerteza; jogador.

Simulação de Monte Carlo — ferramenta computacional que executa simulações de cenários.

Site de *backup* — operação terceirizada de centro de computação de reserva.

Stakeholder — pessoa física ou jurídica envolvida ou que possa intervir no projeto, ou, ainda, que possa ter seus interesses afetados, positiva ou negativamente, pelo projeto ou que nele intervenha ou possa intervir.

Swot — acrônimo de *strengths, weakness, opportunities and threats* (forças, fraquezas, oportunidades e ameaças).

Time & material ou *cost plus* — modalidade de contratação que considera a remuneração ou reembolso de tempo e materiais e custos gastos.

WBS (*work breakdown structure*) — árvore hierárquica dos produtos do projeto, também conhecida como estrutura analítica de projetos (EAP).

Workaround — resposta não planejada a eventos negativos de risco; contorno.

Os autores

Carlos Alberto Corrêa Salles Jr.

Mestre em sistemas de gestão pela Universidade Federal Fluminense (UFF), pós-graduado em engenharia econômica e administração industrial pela Coordenação dos Programas de Pós-Graduação de Engenharia da Universidade Federal do Rio de Janeiro (Coppead/UFRJ) e graduado em engenharia eletrônica pela Universidade Santa Úrsula (USU). Consultor em planejamento estratégico, gestão da tecnologia da informação, gerência de projetos e gestão de riscos. Professor e coordenador acadêmico do MBA em gerenciamento de projetos da Fundação Getulio Vargas (FGV).

Alonso Mazini Soler

Doutor em engenharia de produção pela Escola Politécnica da Universidade de São Paulo (Poli/USP), MBA em finanças empresariais pela Faculdade de Economia, Administração e Contabilidade (FEA) da Universidade de São Paulo (USP) e mestre em estatística pela Universidade Estadual de Campinas (Unicamp). Consultor em desenvolvimento de programas e projetos. Professor dos programas de pós-graduação em gerência de projetos do MBA/USP, MBA/FGV, PEC/FGV.

José Angelo Santos do Valle

Mestre em engenharia pela Universidade Federal Fluminense (UFF). Pós-graduado em tecnologia da informação na área de inovação tecnológica e organização industrial e em engenharia civil na área de estruturas pela Coppe/UFRJ. Graduado em engenharia civil pela UFRJ. Professor e coordenador acadêmico do MBA em gerenciamento de projetos da FGV. Membro do conselho editorial da revista *Mundo PM*. Conferencista nacional e internacional, com diversas palestras e trabalhos em todo o Brasil, nos Estados Unidos e na Europa sobre gerenciamento de projetos.

Roque Rabechini Jr., PhD

Doutor em engenharia de produção pela Poli/USP; mestre em administração, engenheiro de produção e pós-doutorando pela FEA/USP. Consultor em estratégia e gerenciamento de projetos, ministra treinamentos de capacitação gerencial e executiva. Professor dos cursos de pós-graduação da FGV, da Fundação Instituto de Administração (FIA) da USP, do Laboratório de Arquitetura e Redes de Computadores (Larc) da USP, do Instituto de Pesquisas Tecnológicas (IPT) e da Unicamp. Autor de livros e diversos artigos sobre gerenciamento de projetos apresentados em congressos nacionais e internacionais, bem como de publicações especializadas, como as revistas da FGV (*RAE*) e da FEA (*Rausp*). Foi colunista da revista *CaDesign*.

Este livro foi impresso nas oficinas gráficas da Editora Vozes Ltda.,
Rua Frei Luís, 100 – Petrópolis, RJ.